中央民族大学2015年学术团队建设课题《少数民族大学生身心健康及其干预研究团队》资助
2010年度教育部人文社会科学研究一般项目（10YJA880027）资助

中小学应对突发人身伤害事件的生命安全教育研究

董文梅 薛 宇 马 强 陈庆果
张明慧 李 琳 赵海健／著

ZHONGXIAOXUE YINGDUI
TUFA RENSHEN SHANGHAI SHIJIAN DE
SHENGMING ANQUAN JIAOYU YANJIU

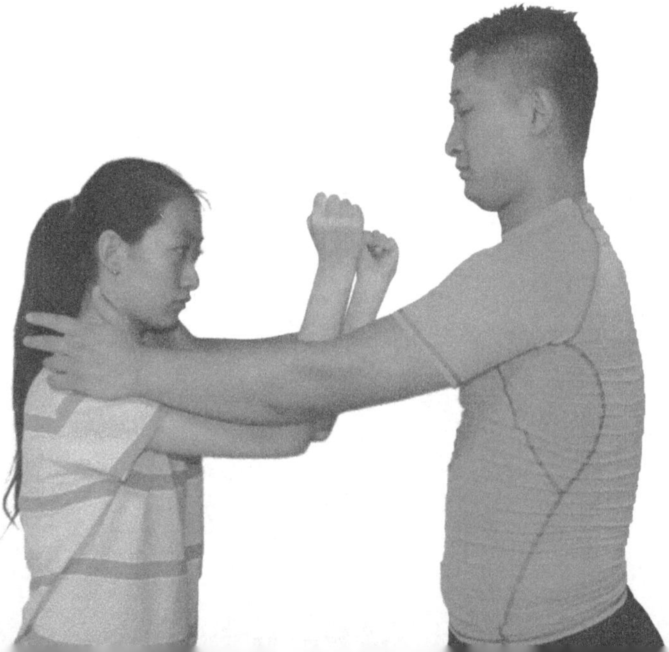

中央民族大学出版社
China Minzu University Press

图书在版编目（CIP）数据

中小学应对突发人身伤害事件的生命安全教育研究/董文梅等著．—北京：中央民族大学出版社，2018.6 重印

ISBN 978-7-5660-1127-5

Ⅰ.①中… Ⅱ.①董… Ⅲ.①安全教育—教学研究—中小学 Ⅳ.①G633.202

中国版本图书馆 CIP 数据核字（2015）第 315142 号

中小学应对突发人身伤害事件的生命安全教育研究

作　　者	董文梅　薛宇　马强等
责任编辑	李苏幸
封面设计	布拉格
出 版 者	中央民族大学出版社 北京市海淀区中关村南大街 27 号　邮编：100081 电话：68472815（发行部）传真：68932751（发行部） 68932218（总编室）　68932447（办公室）
发 行 者	全国各地新华书店
印 刷 厂	北京建宏印刷有限公司
开　　本	787×1092（毫米）　1/16　印张：10.5
字　　数	200 千字
版　　次	2018 年 6 月第 2 次印刷
书　　号	ISBN 978-7-5660-1127-5
定　　价	56.00 元

前 言

从福建南平到陕西汉中，接连发生的校园惨案将原本安宁的校园推上了风口浪尖，受到伤害学生的家长们撕心裂肺的呼喊和眼泪，受到惊吓的学生们惊恐的眼神不知牵动了多少人的心。一时间，政府的监管、学校的责任面临着严峻的考验，校园安全工作也成为全社会关注的焦点，这直接关系到青少年能否安全健康地成长，关系到千千万万个家庭的幸福和社会的稳定。

痛定思痛，面对孩子的安全问题，我们能够做些什么？一方面，相关部门要采取强有力的治安措施，另一方面要注意解决造成这些问题的深层次原因。要尽量给孩子的健康成长创造一个安全、和谐的社会环境，这对于整个中小学生群体来说，属于成长环境层面的问题，属于外因的范畴。

从中小学生自身的教育层面，也就是内因的范畴来看，培养他们预测、识别和抵御危险的能力，全面教给孩子们面对危害时最大限度地减低受伤害程度的必备技能，是学校教育必不可少的组成部分，也是教育工作者义不容辞的责任，刻不容缓！

尽管沉浸在对受伤害学生和家庭的无限痛惜之中，我还是认真看完了一篇关于福建南平“3・23”事件的报道，在受伤的5名孩子之中，一个小女孩受伤最轻，原因是她在危急时刻用双手紧紧地握住了刀刃，尽管双手受伤，但避免了身体更重要部位受到伤害，更保住了最珍贵的生命。

小女孩面对危急时刻的沉着、镇定、勇气和力量让我们肃然起敬。肃然起敬之余，留给我们的还是思考……。相比其他受伤害的孩子，是这个小女孩沉着镇定的心理素质、自身的勇气和一定的身体素质帮助她避免了更大的伤害，在最大限度降低受伤害程度的过程中起到了至关重要的作用。这就要求我们在实际的教育工作中，必须尽快找到全面提高中小学生身体素质、心理素质以及应变能力的有效方法和途径，通过中小学生自身身体素质、心理素质和应变能力的提高使他们在面对危害时有可能把受伤害的程度降至最低。

相比数学、语文等室内课程，体育课在培养提高学生身体素质、心理素质以及应变能力方面具有先天的优势，其中提高学生身体素质、心理素质就是中小学体育课的主要教学目标之一。本课题围绕如何设置中小学应对突发人身伤害事件的生命安全课程，层层深入研究北京市中小学应对突发人身伤害事件生命安全教育的开展现状、中小学学生的身体素质状况及心理应对方式，并在两所中学进行教学实验，充分验证中小学应对突发人身伤害事件的生命安全课程的可行性，旨在为中小学生面对危害时能有效降低受伤害程度，为他们健康、安全、全面地成长提供必要的自身身体能力支持。

本课题研究的特点在于：第一，应对突发人身伤害事件的生命安全教育课程具有一定的实用性和推广价值。应对突发人身伤害事件的生命安全教育课程包括生命安全教育常识课、身体素质课、自我防卫能力技能课，教学范例中含有翔实的教学内容、教法步骤及动作示范图例等，方便广大中小学体育教师使用。第二，应对突发人身伤害事件的生命安全教育课程是在扎实研究的基础上产生的，具有一定的科学性。本研究通过问卷调查、身体素质测试、心理素质测试、教学实验等方法，在发现问题的基础上，实验、论证课程内容的科学性。第三，自我防卫能力教学内容具有实效性和新颖性。自我防卫技能的学习既能直接抵御突发人身伤害事件的侵害，又能在学习的过程中提高学生们的安全意识。同时，在国内尚少见专门针对突发人身伤害事件自我防卫能力的研究，故自我防卫能力的研究及课程的设计具有一定的新颖性。

本课题由中央民族大学董文梅教授负责课题的整体设计，承担的研究任务有文献资料的综述，外文资料的翻译，问卷调查与分析，中小学生身体素质的测试组织工作，教学实验内容设计及组织实验教师的培训等。全书的统稿、修改工作及第一章、第二章、第四章、第六章第一节的撰写。西北大学薛宇博士负责教学实验设计，教授实验教师自我防卫技能。撰写第五章第一节、第六章第三节。中央民族大学马强博士负责中小学生心理素质的测试组织工作，发放心理问卷进行分析，撰写第三章。四川师范大学陈庆果博士负责问卷调查与身体素质测试数据的分析工作，担任部分的教学实验内容设计和测试工作培训，撰写第五章自我防卫能力的教学内容。北京市154中学张明慧负责教学实验、写实验报告，撰写第五章第二节第二部分。北京市41中学李琳负责教学实验、写实验报告，撰写第五章第二节第一部分。中央民族大学赵海健在读硕士撰写第六章第二节。

本课题的完成首先感谢中央民族大学体育学院给予了大力的支持并资助出版。感谢参与课题工作的其他人员，中央民族大学2011级学生刘鑫磊、姜淼、王磊负责数据的录入工作，中央民族大学外语学院在读硕士李虹负责英文资料的翻译，中央民族大学2010级学生黄才万、于鸿鹏 、赵旭 、赵玉鹏、王鹏、刘兴祖、王国新、余昌勇、刘伟、徐静、陈树郁等参与身体素质和心理素质测试。中央民族大学文学与新闻传播学院学生孙超负责自我防卫能力的动作图片拍摄工作，担任模特的是中关村中学初一年级学生禹婧妍、中央民族大学在读硕士赵海健。同时，一并感谢参与课题设计与讨论的专家学者、同事及同窗好友们。

本课题尚属初步探索阶段，仍有许多不足之处，请广大读者批评、指正。

董文梅

2015年10月12日于彭萨科拉

目　录

第一章　生命安全教育之紧要命题
——应对突发人身伤害事件 …… 1
第一节　问题的提出：生命安全教育之必要 …… 1
一、研究缘由 …… 1
二、国内外研究现状和趋势 …… 2
三、相关概念辨析 …… 3
四、课题研究的理论和实际应用价值 …… 4
第二节　研究设计 …… 5
一、研究对象与方法 …… 5
二、研究内容 …… 6
三、研究思路 …… 7

第二章　应对突发人身伤害事件的生命安全教育调研
——以北京市为例 …… 8
第一节　应对突发人身伤害事件生命安全教育的调查结果与分析 …… 8
一、应对突发人身伤害事件的生命安全教育现状分析 …… 8
二、北京市中小学学生身体素质、心理素质现状 …… 9
第二节　体育课程中融入应对突发事件自我防卫能力内容的可行性分析 …… 12
一、体育课程的特点 …… 12
二、体育教师的特点和认同 …… 12
三、应对突发人身伤害事件自我防卫能力的教学内容 …… 13
四、实施对策 …… 14

第三节 小 结 …… 16

第三章 中小学生应对突发人身伤害事件之应对方式调查——以北京市中学生为例 …… 17
第一节 北京市中学生应对方式心理测试设计 …… 17
一、测试对象的选取 …… 17
二、研究工具与问卷测试 …… 17
第二节 北京市中学生应对方式分析 …… 18
一、北京市中学生应对情况 …… 18
二、不同学校中学生的应对方式 …… 19
三、不同性别中学生应对方式差异 …… 26
四、不同年级中学生应对方式差异 …… 26
第三节 小 结 …… 31

第四章 中小学生应对突发人身伤害事件之身体素质测试分析——以北京市中小学为例 …… 33
第一节 对北京市优秀体育学校学生身体素质的测试分析 …… 33
一、小学五至六年级学生的身体素质指标分析 …… 34
二、初中一年级学生的身体素质指标分析 …… 36
三、初中二年级学生的身体素质指标分析 …… 37
第二节 对中央民族大学实习学校学生身体素质的测试分析 …… 39
一、小学五至六年级学生的身体素质数据分析 …… 39
二、初中一年级学生的身体素质数据分析 …… 40
三、初中二年级学生的身体素质数据分析 …… 41
四、身体素质是提高自我防卫能力的基础 …… 42

第五章　应对突发人身伤害事件之自我防卫技能教学实验 ……… 44
第一节　教学实验设计 ……………………………………………… 44
一、研究对象的选取 ……………………………………………… 44
二、教学实验设计 ………………………………………………… 44
第二节　教学实验报告与结果分析 ………………………………… 48
一、北京市41中学学生身体素质教学实验报告 ………………… 48
二、北京市154中学学生自我防卫能力教学实验报告…………… 57

第六章　中小学应对突发人身伤害事件的生命安全教育内容 …… 62
第一节　生命安全教育常识课 ……………………………………… 62
第二节　身体素质教学内容 ………………………………………… 119
第三节　自我防卫技能教学内容 …………………………………… 136

主要参考文献 ……………………………………………………… 155

第一章　生命安全教育之紧要命题

——应对突发人身伤害事件

第一节　问题的提出：生命安全教育之必要

一、研究缘由

随着我国现代化建设的快速发展，对应着人口、资源、环境、效率与公平等社会矛盾也日益突出，而这往往容易导致社会失序、经济失调、心理失衡等问题，并由此可能导致各种突发事件层出不穷。最近，从福建南平到陕西汉中，接连发生的、极其恶劣的校园伤害事件已经充分说明了这一点。当面对受到无辜伤害学生家长们撕心裂肺的呼喊与眼泪时，我们除了深恶痛斥犯罪分子的同时，也把关注的焦点转向了政府的监管与校园安全工作上。能否动员全社会的力量有效防止与遏制类似事件再次发生，直接关系到青少年能否安全健康成长，关系到国家的经济发展与社会稳定。

痛定思痛，面对孩子的安全问题，我们能够做些什么？一方面，相关部门要采取强有力的治安措施，还要注意解决造成这些问题的深层次原因，要尽量给孩子的健康成长创造一个安全、和谐的社会环境，这对于整个中小学生群体来说，属于成长环境层面的问题，属于外因的范畴。

另一方面，从中小学生自身的教育层面，也就是内因的范畴来看，培养他们预测、识别和抵御危险的能力，全面教给孩子们面对危害时最大限度地减低受伤害程度的必备技能，这是学校教育必不可少的组成部分，也是教育工作者义不容辞的责任，因此，如何利用学校教育提高中小学生的自我防护能力是亟待解决的重要问题。

二、国内外研究现状和趋势

1990 年世界卫生组织发出呼吁：由于生命的不可修复与逆转性，全世界每个公民都应掌握 1~2 种救生方法与技术，以备应对各种突然发生的有害身体安全与危及生命的事件。因此，许多国家早已把生命安全教育内容列入中小学生的体育教学课程中。

俄罗斯通过十多年的研究发展，在体育教学中设置的《生命安全基础》课程内容日趋成熟，形成了较为稳定的课程体系，其目的在于让学生形成应对自身周围安全问题积极的态度，培养学生认识生活环境中存在危险的能力，并在出现危险时能决定应对危险的防御策略以及消除不良后果和进行自救、互救的方法。

第二次世界大战后，日本以法律的形式规定全国的中小学校要在“保健体育教育”课程中进行学校安全教育，培养学生的安全意识、树立珍惜生命的态度，防止各种事故的发生。

美国非常重视研究安全教育课程的设置与内容，在学校里有专门的课程教给孩子遇到地震、洪水、歹徒、诈骗者的应急措施，而且十分具体，还有的学校讲授空手道，甚至中国武术课，以备防身。

韩国在 20 世纪 80 年代就把生命安全教育渗透到体育课程当中，使学生理解日常生活中个人和集体的安全、保健等必要的知识、技能和态度，尊重自己和他人的生命，养成安全、健康的生活习惯。

2004 年，我国教育部决定把安全教育列入中小学教学计划和内容之中。我国目前关于生命安全教育的研究与国外的研究还有相当的差距，所研究的内容主要集中在：儿童、青少年的自我防护知识；中小学生的安全教育管理；国外的生命安全教育对我国的启示；生命安全教育课程内容开发等方面。但从总体上讲，目前我国学校生命安全教育的内容、形式和手段都比较简单，只是停留在单纯的知识讲解上，也没有相应的课程设置。

从国内外的研究现状来看，目前关于生命安全教育课程内容的研究还是停留在基本防护与预防知识教育和培训、演练的基础上，真正提高中小学生身体素质能力和心理素质能力的课程研究尚未涉及；关于生命安全教育课程内容的设置将是今后安全教育研究的主要趋势；人身伤害突发事件对中小学生的生命危害极大，面对突发人身伤害等突发事件的生命安全教育研究具有十分重要的现实意义。鉴于此，本书将生命安全教育融入体育课程教学内容之中，在教育学、心理学、社会学等多学科安全教育理论的基础上，研究中小学生在应对危机时应具备的身体和心理素质，并根据当前中小学生的体质与心理素质状况，研究在体育课程中设置应对突发事件的身体素质和心理素质的教学内容和实施途径，旨在中小学生面对危害时能有效降低受伤害程度，为他们健康、安全、全面地成长提供必要的自身身体能力支持。

三、相关概念辨析

（一）生命安全教育

生命安全教育是指针对遭遇突发性事件、灾害性事件时所表现出来的应急、应变能力的教育，避免人自身的生命财产受到侵害的自我保护、安全防卫能力，安全意识的教育及法制观念、健康心理状态和抵御违法犯罪能力的教育。

本书所要研究的生命安全教育是指为了维护学生的身心健康，提高学生在应对突发人身伤害事件时的自我防卫能力，突发人身伤害事件特指有人身攻击的意外伤害事件。

（二）自我防卫能力

自我防卫能力是帮助人们采用有效的姿势、技能，有信心地应对危险的状况，并将危险降到最低的心理准备和防御系统。笔者经过大量的调查与研究认为，现代中小学生自我防卫能力的培养应包括：安全意识、防护策略、防卫技能、自救措施等内容。

（三）突发人身伤害事件

所谓突发事件的科学定义，《辞海》中也没有明确的解释。笔者认为，“突发”一词，顾名思义就是突如其来，出乎人意料发生的；“事件”一词，按照《辞海》的解释是指历史或社会上发生的大事。所以突发人身伤害事件可以解释为历史上或社会上突然发生的危及人的生命安全的重大事情。

(四) 体育与健康课程与学生自我防卫能力培养的联系

体育与健康课程的作用对象是人，是人的动态生命教育，是一种直接的生命体验。人如果缺乏了必要的身体和心理素质，就无从谈及将突发性人身伤害事件降低到最小的程度。体育与健康课程是提高学生们身体和心理素质的有效载体，它既是体育与健康课程内容的一部分，也是对体育与健康课程的深化，对体育与健康课程理论的丰富和完善。以生命的视角审视体育教育，达成人的生命的本源回归，体育教育所要做的就是通过最具体的体育实践活动增强学生的体质和应对危险的能力，完善学生的人格，以体现自身生命质量的完美性和完整性。

四、课题研究的理论和实际应用价值

课题研究的理论意义：从应对突发人身伤害事件的视角，以“生命安全教育”为理念研究中小学生命安全教育的内容，有助于形成生命安全教育的知识体系，是对校园安全教育内容研究的重要补充；以体育课程内容为主要载体研究如何提高学生自身应对伤害危机的能力，是从伤害事件的处理应对到教育应对的重要转折，是深入研究解决校园突发人身伤害事件的突破口。

课题研究的实际应用价值：人的生命是教育的基石，生命是教育学思考的原点。本课题的研究从造成社会危害最大的人身伤害事件入手，立足于提高学生抵御伤害的身体能力和心理能力，实现教育以人为本的生命关怀。体育的本质就是“人的自然化”，即身体强壮，在现有体育课程的基础上融入生命安全教育的内容，通过体能训练、心理训练等提高学生自身的能力，不仅提升了体育课程的价值，而且能有效解决面对突发人身伤害事件，预防和降低伤害的问题。

第二节　研究设计

一、研究对象与方法

（一）研究对象

面对突发人身伤害事件频发的现状，学校如何在课程教学中加强中小学生应对突发危机的生命安全教育，使其掌握当面临人身安全攻击时所应采取的方法与策略知识，提高自身的防护能力，最大限度地降低人身伤害程度，有效保证生命安全。

（二）研究方法

1. 文献资料法

通过查阅有关教育学、心理学、安全教育等方面的大量国内外相关文献资料，全面了解本课题研究领域的前沿动态，并从中整理出有关生命安全教育的基本概念及应用于体育与健康课堂的可行性，明确开发体育与健康课程中生命安全教育的系统过程。

2. 问卷调查法

在北京市 8 个城区和 10 个郊区中抽样调查中学 25 所、小学 25 所进行问卷调查，并对问卷进行了信度和效度检验，共发放教师问卷 200 份，小学 4~6 年级学生问卷 500 份，中学 7~9 年级学生问卷 500 份。

3. 测试法

（1）身体素质测试法：抽样测试北京市优秀体育学校两所小学、两所中学学生身体素质并进行分析研究；抽样测试中央民族大学实习基地五所中小学学生的身体素质并进行分析研究。小学五、六年级测试项目为 50 米跑、仰卧起坐、立定跳远、50 米×8 往返跑；初中一、二年级学生测试项目为 50 米跑、800 米跑（女）、1000 米跑（男）、立定跳远、仰卧起坐（女）、引体向上（男）。

（2）心理素质测试法：采用由陈树林等于 1998 年编制的应对方式量表，从指向问题应对和指向情绪应对两个维度比较分析不同学校、不同性别和不同年级的应对方式情况。

4. 教学实验法

在北京选取第41中学和第154中学，分别在初中二年级选取两个班，一个班为实验班，另一个班为对照班，实验班在保持原教学内容不变的情况下，在60学时中加入10~15分钟身体素质和自我防卫技能教学。

5. 数理统计法

运用SPSS19.0统计专用软件对测试的数据、问卷调查的结果和教学实验测试数据进行统计和处理。

二、研究内容

1. 中小学生应对突发人身伤害事件时所应具有的自我保护方法与生命安全应对策略研究

在面临突发人身伤害或生命威胁事件时，只有让每个中小学生掌握一定的自我保护方法与应对策略知识，才能够很快做出合理的判断与决策，以正确指导自身的应对行为，最大限度地降低人身伤害，尽可能地保证生命安全。因此，自我保护方法与生命安全应对策略研究是提供中小学生能够应对突发人身伤害与生命威胁的思想基础。

2. 中小学生应对突发人身伤害事件时所应具备的身体与心理素质研究

在掌握一定的应对突发人身伤害事件自我保护方法与策略知识的基础上，当真正面临突发伤害事件时，如何能有效地实施这些方法与策略就显得尤为重要。正所谓“艺高”人才能“胆大”，我们并非要把所有的中小学生都培养成“武林高手”，但自身必须具有一定的身体与心理素质基础，才能临危不乱，正确地应变处置。因此，强健的身体与过硬的心理素质是中小学生应对突发人身伤害事件的物质基础与保证条件。

3. 中小学体育课程中设置应对突发人身伤害事件的生命安全教育内容研究

要想使中小学生具有应对突发人身伤害事件的身体与心理素质，在学校的教育中最有效、最有可能实现的方法与途径，就是在体育课程中设置应对突发人身伤害事件的生命安全教育内容与身体、心理素质训练。但是要设置什么内容和如何进行相应的训练是问题研究的关键。只有根据当前突发人身伤害事件的特征与中小学生体质与心理素质现状，有的放矢地设置应对突发人身伤害事件的安全教育内容与安排合理的训练方法，才能使中小学生真正具有应对突发人身伤害事件的身体与心理素质。因此，在体育课程中如何设置应对突发人身伤害事件的生命安全教育内容和训练方法是中小学生能够应对危机的有效途径之一。

三、研究思路

本书以解决当前的现实问题为牵引，在充分借鉴国内外相关研究成果的基础上，理论与实践相结合，采用多种研究方法层层探索我国中小学生的生命安全教育问题，力求通过该研究成果的应用，大幅度地提高中小学生应对突发人身伤害事件的能力。首先，要根据当前突发伤害事件的特点，通过大量的调查并综合分析出中小学生面对突发人身伤害事件生命安全教育的现状；其次，以北京市中小学为例，分析根据当前我国中小学生身体素质与心理应对能力现状，以此为基础找出能力差距，进而设计教学实验课程，验证课程内容的有效性和实用性。最后，提供完整的中小学应对突发人身伤害事件的生命安全教育课程体系。

第二章 应对突发人身伤害事件的生命安全教育调研

——以北京市为例

本章以北京市中小学为例，采用问卷调查的方法，在北京市 8 个城区和 10 个郊区中抽样调查中学 25 所、小学 25 所进行问卷调查。本章的研究任务重点在于了解北京市中小学中应对突发人身伤害事件的生命安全教育的开展情况，从教师和学生的视角分别了解目前中小学生的身体素质和心理素质状况，提高学生的身体素质和教授学生自我防卫技能的必要性等；在分析调研的基础上，提出相应的对策，以提高学生的自我防卫能力，在他们今后的生活中在面临突发人身伤害事件时，能够将危险降到最低。

第一节 应对突发人身伤害事件生命安全教育的调查结果与分析

一、应对突发人身伤害事件的生命安全教育现状分析

通过对学校是否安排体育教师进行应对突发人身伤害事件的生命安全教育培训的问卷分析表明，35%的体育教师从未参加过应对突发人身伤害事件的生命安全教育培训，30%的体育教师参加过一次培训，35%的体育教师参加过两次培训。

通过对学生参加应对突发人身伤害事件生命安全教育知识培训的问卷分析表明，27.2%的同学未参加过培训，44%的同学参加过1~2 次培训，28.8%的同学参加过 3 次以上的培训；学生参加应对突发人身伤害事件技

能培训的问卷表明，47.5%的同学未参加过技能培训，40%的同学参加过1~2次技能培训，12.5%的同学参加过3次以上的技能培训。

从中我们可以看到，针对应对突发人身伤害事件的生命安全教育，学校的教育力度不足，既没有课程载体，也没有专业教师进行教学。

二、北京市中小学学生身体素质、心理素质现状

（一）身体素质

在对北京市中小学生身体、心理素质的相关问卷调查中显示，33%的体育教师认为学生的身体素质非常好，36%的体育教师认为学生的身体素质比较好，29%的体育教师认为学生的身体素质一般，2%的体育教师认为学生的身体素质不太好，身体素质不好的原因主要体现在耐力差、力量弱、反应慢、不协调等方面，如图2-1-1所示。

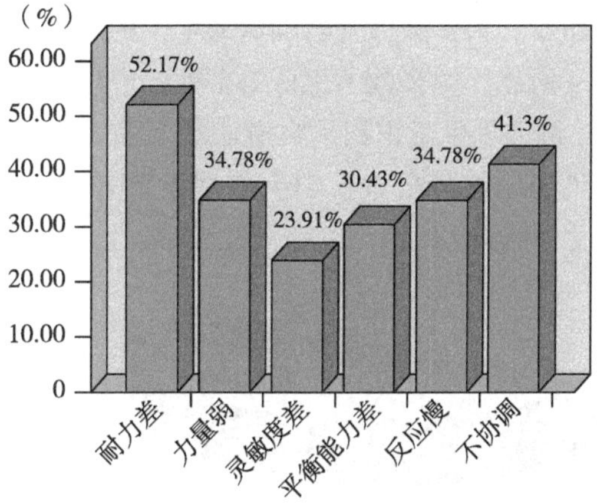

图2-1-1　体育教师认为学生身体素质差的方面

有10%的学生认为自己身体素质非常好，41%的学生认为自己身体素质比较好，36%的学生认为自己身体素质一般，8%的学生认为自己身体素质不太好，5%的同学认为自身身体素质很差，他们认为表现在耐力差和力量弱，如图2-1-2所示。

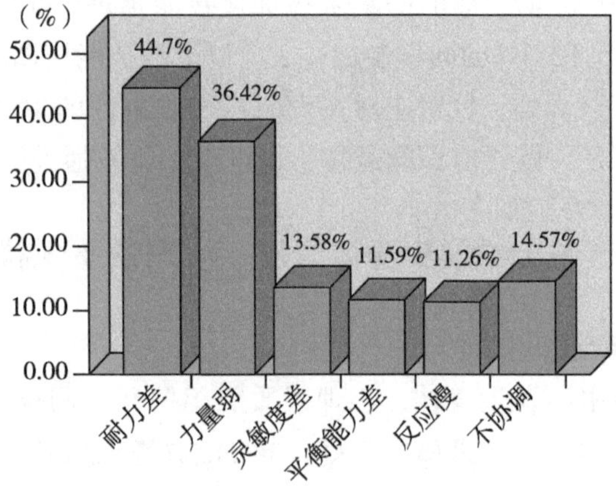

图 2-1-2　学生认为自身身体素质差的方面

（二）心理素质

如图 2-1-3 所示，大多数体育教师认为学生的心理素质非常好或者比较好。如图 2-1-4 所示，大多数学生认为自己的心理素质非常好或者比较好，但也有一定比例的学生意识到了自身心理素质不太好。在针对学生心理素质存在的主要问题的分析中，学生心理素质较差主要表现在遇事恐惧、不知所措、没有信心等。

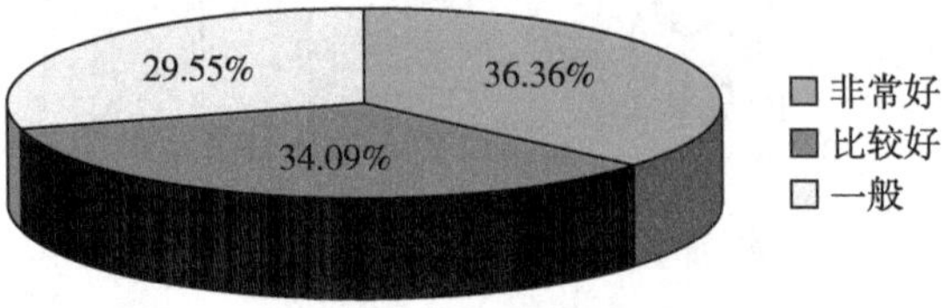

图 2-1-3　教师认为学生的心理素质状况

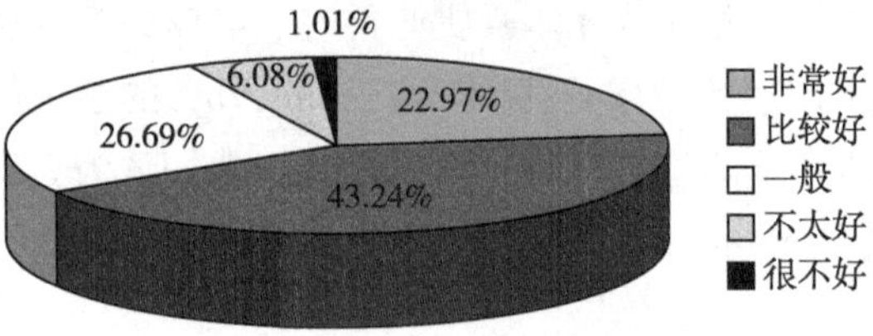

图 2-1-4　学生认为自身的心理素质状况

（三）比较分析

从调查问卷的结果来看，大多数北京市中小学体育教师对学生的身体素质、心理素质现状持乐观态度，学生们对自身身体素质、心理素质的认识没有体育教师们那样乐观。教育部2010年全国学生体质与健康调研报告指出，中小学生身体素质下滑趋势开始得到了遏制，但肥胖率、视力不良率继续增加。中小学学生身体素质的下降特别是力量和耐力素质的下降已经引起了全球范围的关注，我国中小学学生身体素质现状仍然令人担忧，中小学学生身体素质下降的深层次原因仍须深入探索，这一问题不容乐观。对中小学学生心理素质的研究多为定性的评论，仍然欠缺客观定量的分析，伴随着学生各种心理问题的出现，这一问题更不容乐观。

（四）身体素质、心理素质与自我防卫能力

在自我防卫能力包含的因素中，安全意识是基础，安全意识可在很大程度上避免成为犯罪的受害者，可有效防患于未然。

防护策略是生命安全的关键。在受到身体伤害攻击时，如何有效防护身体的要害部位，即便是受伤，也要保住自己的性命就是重中之重的任务，这就需要一定的身体素质和技能作为保障。如应对突发人身伤害事件时技能防卫姿势、膝盖、肘部的攻击、前踢、侧踢、单手挣脱、双手挣脱等技能，而这些技能真的达到实际的效果就必须有一定的身体素质、心理素质作为保证。

逃生技能是生命安全的出路。在受到人身伤害时，要能够抓住一切可能的机会进行逃生，只有逃出了危险境地，才为生命安全找到了出路。这就需要人的心理素质过硬，并且跑得快，力量强，耐力好，也就是身体素质也要过硬。

自救措施是生命安全的保障。如果受到了人身伤害，即便是逃出了危险境地，而不懂得如何自救，也很有可能由于失血过多而危及生命。因此，自救措施是生命安全的有力保障。

从以上对自我防卫能力因素的分析中我们可以看出，身体素质和心理素质是提高学生应对突发人身伤害事件自我防卫能力的关键因素。

第二节　体育课程中融入应对突发事件自我防卫能力内容的可行性分析

一、体育课程的特点

体育课程以传授学生运动技能为载体，以让学生提高运动参与意识、掌握运动技能、提高学生的心理健康水平为目的。体育课程的价值中充分表明了其在提高学生应对突发人身伤害事件的自我防卫能力方面具有的独特功能。同时，体育教学内容选择具有自主性，体育教学的组织形式灵活多样等特点更加符合提高学生自我防卫能力的需求。还有，每个学生都会经历 12 年的中小学体育教学，如果在学校体育教学中逐步地渗透应对突发人身伤害事件的自我防卫能力知识，在体育实践课程中教授学生应对突发人身伤害事件的技能，并努力提高学生的身体和心理素质，是十分重要的问题。这些知识和技能的学习必定为学生今后应对突发人身伤害事件，提高自我防卫能力，将人身伤害降到最低限度奠定坚实的基础。

二、体育教师的特点和认同

体育教师更适合在教学中开展提高学生应对突发人身伤害事件自我防卫能力的教育。一方面，体育教师的运动技能基础能够保障学生提高身体素质、心理素质，掌握应对突发人身伤害事件的技能。另一方面，体育教师在从事职业教育过程中，已经学习过诸如生理学、运动损伤等与安全教育课程相关的知识，具备了从事生命安全教育的理论基础。

从对体育课程中融入应对突发人身伤害事件自我防卫能力教学内容的问卷调查中可以看出，38%的体育教师认为非常有必要加入，50%的体育教师认为可以考虑加入，12%的体育教师认为没有必要加入。35%的学生认为非常有必要加入，55%的学生认为可以考虑加入，10%的学生认为没有必要加入。因此，体育教师和学生们认为在体育课程中融入应对突发人身伤害事件的自我防卫能力的内容是可行的。

三、应对突发人身伤害事件自我防卫能力的教学内容

如图 2-2-1 所示，体育教师对应对突发人身伤害事件自我防卫能力的选择显示，教师们认为培养学生安全意识的内容、身体素质训练、心理素质训练和提高学生自我防卫能力的专项训练内容应该融入体育课程教学内容之中。

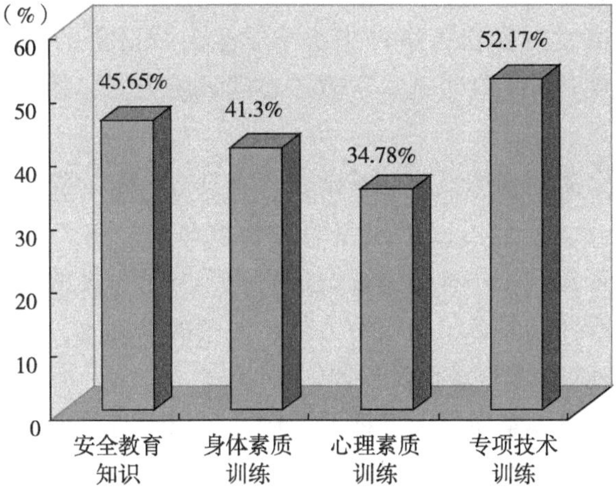

图 2-2-1　自我防卫能力提高教学内容

（一）安全意识的内容

在犯罪率居高不下的今天，每个中小学生都有可能遭遇到突发人身伤害事件。因此，让孩子们具有生命安全意识显得尤为重要。要让他们能够意识到在什么环境与情况下会发生危险，如果危险发生了应该采取怎样积极有效的措施进行应对，以保护自己的生命安全。

（二）自我防卫技能的内容

提高自我防卫能力的教学内容需要简单、有效并且具有实践性。这些内容在中小学体育课堂中教授，大约授课的时数为 30 学时，每学时为 10～15 分钟，主要的教学内容请见第六章第三节的“自我防卫技能教学内容”。

（三）身体素质和心理素质的内容

在掌握一定的应对突发人身伤害事件自我保护方法与策略知识的基础上，当真正面临突发伤害事件时，如何有效地实施这些方法与策略就显得尤为重要。正所谓“艺高”人才能“胆大”，只有身体和心理上有一定的“实力”，才能真正做到临危不乱、灵活应变处置。因此，强健的身体与过硬的心理素质是中小学生应对突发人身伤害事件的物质基础与保证条件。

根据体育教师对应对突发人身伤害事件身体素质和心理素质教学内容的选择，应对突发人身伤害事件中小学学生自我防卫的身体素质主要包括：力量、速度和灵敏性等基本素质；心理素质主要包括：意志、情绪和信心等基本素质。

力量是生命防卫身体素质的基础，只有具有一定的身体力量才能抵挡犯罪分子的攻击，甚至可以挡住犯罪分子致命的一击。速度是逃生的前提，只有能快速运动，才有可能很快逃离犯罪分子可控的范围，进入较为安全的区域。身体在具有了相应的力量、速度的基础上，若还能具有较强的灵敏性，“坏人”才很难伤及身体。

心理素质是身体素质得以发挥的基础。可以说身体素质是自我防卫的硬件，心理素质是支撑自我防卫的软件。情绪控制能力是身体做出准确动作的前提。另外，只有情绪稳定，头脑才更清晰，做出抵抗进攻的动作才会更为有效。充分的信心是身体力量、速度、耐力充分发挥的“增压器”和“兴奋剂”。只有具备了充分的信心，才会有战胜“罪犯”的态度和勇气，使自己勇敢而顽强地去与“罪犯”搏斗，把身体素质超常发挥出来，击败“罪犯”。守护生命，历来是“勇者胜”。

四、实施对策

（一）明确实施教学内容的途径

通过对问卷调查的分析，几乎所有的教师选择了不改变总的教学计划，在体育课程教学中融入安全教育内容的课程实施途径。笔者通过分析美国、日本等发达国家在体育课程中融入提高自我防卫能力教学内容的研究，建议在小学四年级至六年级的体育课程中，中学七年级至九年级原体育课程内容不变的基础上加入 30 学时，每学时 10~15 分钟，提高学生自我防卫技能的教学内容；加入 30 学时，每学时 10~15 分钟提高学生力量、速度和耐力素质的教学内容。

（二）加强师资培训

体育教师是应对突发人身伤害事件、提高自我防卫能力教学内容的设计者和操作者，在实施过程中起着主导性的作用。体育课程中能否顺利完成教学内容，取决于体育教师的专业知识、专业技能，但是应对突发人身伤害事件、提高自我防卫能力教学内容作为体育与健康课程中的新兴门类，还没有具体明确的操作内容和评价体系。这就需要有关教育部门定期开展针对体育教师的培训，各位教师在体育教学中针对提高学生自我防卫能力的教学经验进行探讨、修正，为今后的教学提供参考。

（三）主管部门高度重视

如图 2-2-2 所示，体育教师认为将应对突发人身伤害事件、提高自我防卫能力的教学内容实施起来最大的困难是体育课时量不够、师资条件不足和上级部门不够支持。师资的培训、学校体育课时较少的问题都需要主管部门的重视和支持，只有主管部门高度重视并给予相应的政策和指导，才能将提高学生的自我防卫能力的教学内容真正融入体育课程之中。

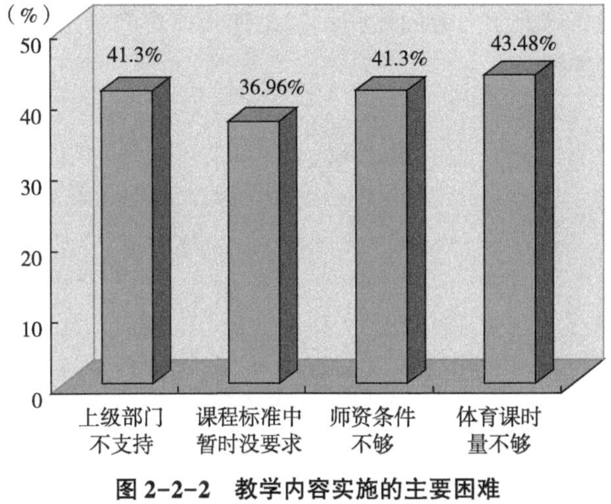

图 2-2-2　教学内容实施的主要困难

第三节 小 结

本章从调研中小学应对突发人身伤害事件的生命安全教育现状问题入手，分别从教师和学生的视角调查目前北京市中小学学生的身体素质和心理素质现状，调查提高身体素质和教授自我防卫技能的教学内容融入中小学体育与健康课程的可行性。笔者归纳出以下基本结论：

第一，北京市中小学对学生应对突发事件的自我防卫能力培养还是比较重视的，但学生的技能培训较少；北京市中小学学生身体素质与心理素质主要存在的问题有：力量差、耐力差；在心理素质方面存在的主要问题是遇事恐惧、不知所措、没有信心等。

第二，体育课程中融入应对突发事件的自我防卫能力内容的可行性表现在：一方面是体育课程的特点，另一方面是体育教师的特点和认同。

第三，建议在中小学体育课程中融入 30 学时培养学生自我防卫能力的教学内容。

第四，培养学生应对突发人身伤害事件自我防卫能力技能的教学内容包括：防卫姿势；躲避步伐；腿部的防卫攻击；手肘部位的防卫攻击；挣脱单、双手的抓握；挣脱单手抓发、双手抓发等。

第五，在体育课程中融入应对突发事件的自我防卫能力内容的对策为：一是明确实施教学内容的途径；二是加强体育教师的师资培训；三是主管部门高度重视。

第三章　中小学生应对突发人身伤害事件之应对方式调查

——以北京市中学生为例

本章以北京市中学生为例，采用心理问卷测试的方法，选取中央民族大学体育学院实习中学为研究对象进行心理问卷调查。本章的研究任务重点是初步探索中学生应对突发人身伤害事件的心理素质测试方法，并采用由陈树林等于 1998 年编制的应对方式量表，从指向问题应对和指向情绪应对两个维度，比较分析不同学校、不同性别和不同年级的应对方式情况。

第一节　北京市中学生应对方式心理测试设计

一、测试对象的选取

本研究选取了北京市 6 所学校 720 名中学生为调查研究对象，6 所学校分别为北京市北苑中学、北京市 105 中学、北京市明光中学、北京市 154 中学、北京市师达中学、北京市 54 中学。其中 5 所中学为中央民族大学体育学院的实习基地学校，1 所为本研究所选取的教学实验学校。

二、研究工具与问卷测试

研究采用由陈树林等于 1998 年编制的应对方式量表，该量表由 36 个条目组成，分为指向问题应对和指向情绪应对两个维度。指向问题应对维度包括问题解决、寻求支持、合理解释三个因子；问题解决因子包括“利用自己或别人的经验去应对困难努力改变现状、使事情向好的一面发展”等题项，寻求支持因子包括“向有经验的人或有类似经历的人请教、试着从某些人那里得到‘应该做什么’的忠告”等题项，合理解释因子包括“从已经发生的不好的事情中我看到了一些好的方面、我试着换一个角度看问题，从挫折中我看到了积极的一面”等题项。指向情绪应对维度包括忍耐、逃避、发泄情绪、幻想/否认四个因子，忍耐因子包括“在挫折面前我常告诫自己忍耐为上”等题项，逃避因子包括“遇到挫折时，放弃努力去获得自己想要的东西”等题项，发泄情绪因子包括“对引起困难的人和事发脾气”等题项，幻想、否认因子包括“爱做一些不切实际的幻想来消除烦恼”等题项。各条目采用 1~4 级评分，1 级为不采用，2 级为偶尔采用，3 级为有时采用，4 级为经常采用。调查以班级为单位进行团体施测，施测人员经过统一培训，问卷统一发放，当场收回。

第二节 北京市中学生应对方式分析

一、北京市中学生应对情况

北京市中学生应对方式情况如表 3-2-1 所示。

表 3-2-1 北京市中学生应对方式总体情况

	N	极小值	极大值	均值	标准差
问题解决	717	1.00	4.00	2.9522	0.59339
寻求社会支持	715	1.00	4.00	2.7041	0.62498
合理化的解释	712	1.00	4.00	2.8927	0.62011
忍耐	719	1.00	4.00	2.4729	0.61772
逃避	715	1.00	4.00	2.0955	0.66702
发泄情绪	715	1.00	4.00	2.1493	0.68880
幻想	712	1.00	4.00	2.2486	0.72228

指向问题应对的三个维度，问题解决均值为 2.95，寻求社会支持均值为 2.70，合理化的解释均值为 2.89；指向情绪的应对四个维度，忍耐均值为 2.47，逃避均值为 2.09，发泄情绪均值为 2.15，幻想均值为 2.25。总体上看，指向问题应对的三个维度分值高于指向情绪应对的四个维度分

值，说明中学生们对问题的应对能力比较强，能够积极寻求方法解决问题，善于总结经验，遇到问题会积极地探索，寻求问题的解决方法。他们寻找社会支持能力也较强，能够主动借鉴他人经验，主动寻求身边亲密关系者的帮助。他们对于问题的解决比较灵活，会改变看待问题的角度，在失败中收获解决问题的经验。而他们对于指向情绪的问题解决能力相对较弱，这与当前中学生的实际问题基本一致，他们处理情绪问题的能力较差，遇到问题情绪化，容易对引起问题的人或事发泄情绪。

二、不同学校中学生的应对方式

由表 3-2-2 所示，以学校为自变量进行单因素方差分析，结果发现不同学校中学生的应对方式在两个分量表、七个维度上均具有显著性差异（$p<0.01$），说明不同学校的学生的应对方式存在非常显著性差异。

表 3-2-2　不同学校中学生应对方式单因素方差分析结果

		N	均值	标准差	F	显著性
问题解决	北苑中学	72	2.7163	0.64089	5.516	0.000
	105 中学	106	2.9003	0.65218		
	明光中学	223	2.9097	0.59009		
	师达中学	130	3.1352	0.51287		
	54 中学	132	2.9924	0.56162		
	154 中学	54	3.0053	0.55499		
	总数	717	2.9522	0.59339		
寻求社会支持	北苑中学	73	2.5010	0.60381	2.353	0.039
	105 中学	105	2.6571	0.65393		
	明光中学	221	2.7033	0.62208		
	师达中学	130	2.7824	0.59135		
	54 中学	132	2.7565	0.66157		
	154 中学	54	2.7566	0.54988		
	总数	715	2.7041	0.62498		

续表

		N	均值	标准差	F	显著性
合理化的解释	北苑中学	73	2.6137	0.64750	6.220	0.000
	105 中学	105	2.8724	0.66629		
	明光中学	221	2.8534	0.60951		
	师达中学	130	3.0815	0.53160		
	54 中学	131	2.8931	0.59861		
	154 中学	52	3.0192	0.63772		
	总数	712	2.8927	0.62011		
忍耐	北苑中学	74	2.2635	0.71421	3.194	0.007
	105 中学	106	2.4858	0.62662		
	明光中学	223	2.5437	0.60128		
	师达中学	130	2.3846	0.55436		
	54 中学	132	2.5398	0.58921		
	154 中学	54	2.4907	0.67461		
	总数	719	2.4729	0.61772		
逃避	北苑中学	74	1.7500	0.63972	7.404	0.000
	105 中学	106	2.0472	0.59273		
	明光中学	222	2.1971	0.71764		
	师达中学	128	2.0254	0.59924		
	54 中学	131	2.2576	0.65188		
	154 中学	54	2.0185	0.62165		
	总数	715	2.0955	0.66702		

续表

		N	均值	标准差	F	显著性
发泄情绪	北苑中学	73	1. 9110	0. 61713	4. 602	0. 000
	105 中学	106	2. 1486	0. 65989		
	明光中学	220	2. 2477	0. 74100		
	师达中学	130	2. 0673	0. 69452		
	54 中学	132	2. 2689	0. 63952		
	154 中学	54	1. 9769	0. 59730		
	总数	715	2. 1493	0. 68880		
幻想	北苑中学	74	1. 9270	0. 65256	4. 595	0. 000
	105 中学	105	2. 2667	0. 70365		
	明光中学	222	2. 2613	0. 71077		
	师达中学	129	2. 2078	0. 71650		
	54 中学	130	2. 4154	0. 74568		
	154 中学	52	2. 3000	0. 73511		
	总数	712	2. 2486	0. 72228		

从表 3-2-3 中进一步多重比较可以看出，不同学校中学生的应对方式存在显著性差异，不同学校之间在不同维度上有的有显著性差异，有的没有显著性差异，但是并没有显著的规律性。当前北京市不同学校之间存在较大的差异，学校的学习氛围不同，学校教育的侧重点有所差别，这些因素可能对学生的应对方式产生重要的影响，从而也说明了学校教育对学生应对方式产生的重要影响。

表 3-2-3 不同学校中学生应对方式多重比较

因变量	(I) 学校	(J) 学校	均值差 (I-J)	标准误	显著性
问题解决	北苑中学	105 中学	-0. 18400 *	0. 08923	0. 040
		明光中学	-0. 19340 *	0. 07919	0. 015
		师达中学	-0. 41889 *	0. 08583	0. 000
		54 中学	-0. 27615 *	0. 08560	0. 001
		154 中学	-0. 28902 *	0. 10518	0. 006
	105 中学	明光中学	-0. 00940	0. 06893	0. 892
		师达中学	-0. 23490 *	0. 07646	0. 002
		54 中学	-0. 09215	0. 07620	0. 227
		154 中学	-0. 10502	0. 09768	0. 283
	明光中学	师达中学	-0. 22549 *	0. 06447	0. 000
		54 中学	-0. 08275	0. 06416	0. 198
		154 中学	-0. 09562	0. 08861	0. 281
	师达中学	54 中学	0. 14274 *	0. 07219	0. 048
		154 中学	0. 12987	0. 09459	0. 170
	玉渊潭中学	154 中学	-0. 01287	0. 09438	0. 892
寻求社会支持	北苑中学	105 中学	-0. 15616	0. 09479	0. 100
		明光中学	-0. 20232 *	0. 08397	0. 016
		师达中学	-0. 28144 *	0. 09098	0. 002
		54 中学	-0. 25552 *	0. 09073	0. 005
		154 中学	-0. 25564 *	0. 11165	0. 022
	105 中学	明光中学	-0. 04615	0. 07373	0. 532
		师达中学	-0. 12527	0. 08162	0. 125
		54 中学	-0. 09935	0. 08134	0. 222
		154 中学	-0. 09947	0. 10417	0. 340

续表

因变量	(I) 学校	(J) 学校	均值差 (I-J)	标准误	显著性
寻求社会支持	明光中学	师达中学	-0. 07912	0. 06875	0. 250
		54 中学	-0. 05320	0. 06843	0. 437
		154 中学	-0. 05332	0. 09443	0. 572
	师达中学	54 中学	0. 02592	0. 07686	0. 736
		154 中学	0. 02580	0. 10071	0. 798
	54 中学	154 中学	-0. 00012	0. 10048	0. 999
合理化的解释	北苑中学	105 中学	-0. 25868 *	0. 09281	0. 005
		明光中学	-0. 23970 *	0. 08222	0. 004
		师达中学	-0. 46784 *	0. 08907	0. 000
		54 中学	-0. 27943 *	0. 08895	0. 002
		154 中学	-0. 40553 *	0. 11052	0. 000
	105 中学	明光中学	0. 01899	0. 07219	0. 793
		师达中学	-0. 20916 *	0. 07991	0. 009
		54 中学	-0. 02075	0. 07977	0. 795
		154 中学	-0. 14685	0. 10327	0. 155
	明光中学	师达中学	-0. 22814 *	0. 06732	0. 001
		54 中学	-0. 03974	0. 06715	0. 554
		154 中学	-0. 16584	0. 09387	0. 078
	师达中学	54 中学	0. 18841 *	0. 07540	0. 013
		154 中学	0. 06231	0. 09993	0. 533
	54 中学	154 中学	-0. 12610	0. 09982	0. 207

续表

因变量	（I）学校	（J）学校	均值差（I-J）	标准误	显著性
忍耐	北苑中学	105 中学	-0.22234 *	0.09287	0.017
		明光中学	-0.28021 *	0.08224	0.001
		师达中学	-0.12110	0.08927	0.175
		54 中学	-0.27626 *	0.08903	0.002
		154 中学	-0.22723 *	0.10972	0.039
	105 中学	明光中学	-0.05787	0.07233	0.424
		师达中学	0.10123	0.08023	0.207
		54 中学	-0.05392	0.07996	0.500
		154 中学	-0.00489	0.10250	0.962
	明光中学	师达中学	0.15911 *	0.06765	0.019
		54 中学	0.00395	0.06732	0.953
		154 中学	0.05298	0.09298	0.569
	师达中学	54 中学	-0.15516 *	0.07575	0.041
		154 中学	-0.10613	0.09925	0.285
	54 中学	154 中学	0.04903	0.09903	0.621
逃避	北苑中学	105 中学	-0.29717 *	0.09885	0.003
		明光中学	-0.44707 *	0.08759	0.000
		师达中学	-0.27539 *	0.09529	0.004
		54 中学	-0.50763 *	0.09489	0.000
		154 中学	-0.26852 *	0.11679	0.022
	105 中学	明光中学	-0.14990	0.07704	0.052
		师达中学	0.02178	0.08570	0.799
		54 中学	-0.21046 *	0.08525	0.014
		154 中学	0.02865	0.10910	0.793
	明光中学	师达中学	0.17168 *	0.07242	0.018
		54 中学	-0.06056	0.07189	0.400
		154 中学	0.17855	0.09901	0.072
	师达中学	54 中学	-0.23224 *	0.08110	0.004
		154 中学	0.00687	0.10589	0.948
	54 中学	154 中学	0.23912 *	0.10553	0.024

续表

因变量	（I）学校	（J）学校	均值差（I-J）	标准误	显著性
发泄情绪	北苑中学	105 中学	-0.23763 *	0.10347	0.022
		明光中学	-0.33677 *	0.09188	0.000
		师达中学	-0.15635	0.09949	0.117
		54 中学	-0.35798 *	0.09922	0.000
		154 中学	-0.06589	0.12210	0.590
	105 中学	明光中学	-0.09914	0.08043	0.218
		师达中学	0.08128	0.08903	0.362
		54 中学	-0.12035	0.08872	0.175
		154 中学	0.17173	0.11373	0.132
	明光中学	师达中学	0.18042 *	0.07525	0.017
		54 中学	-0.02121	0.07490	0.777
		154 中学	0.27088 *	0.10331	0.009
	师达中学	54 中学	-0.20163 *	0.08406	0.017
		154 中学	0.09046	0.11013	0.412
	玉渊潭中学	154 中学	0.29209 *	0.10989	0.008
幻想	北苑中学	105 中学	-0.33964 *	0.10827	0.002
		明光中学	-0.33423 *	0.09575	0.001
		师达中学	-0.28072 *	0.10402	0.007
		54 中学	-0.48836 *	0.10387	0.000
		154 中学	-0.37297 *	0.12908	0.004
	105 中学	明光中学	0.00541	0.08449	0.949
		师达中学	0.05891	0.09376	0.530
		54 中学	-0.14872	0.09359	0.113
		154 中学	-0.03333	0.12096	0.783
	明光中学	师达中学	0.05351	0.07897	0.498
		54 中学	-0.15412	0.07878	0.051
		154 中学	-0.03874	0.10990	0.725
	师达中学	54 中学	-0.20763 *	0.08865	0.019
		154 中学	-0.09225	0.11717	0.431
	54 中学	154 中学	0.11538	0.11704	0.325

三、不同性别中学生应对方式差异

北京市中学生应对方式在性别上的差异见表3-2-4，从应对方式的各个维度上看，男生的应对方式得分高于女生，说明男生的应对方式更加积极些，但是只有在合理化的解释维度上男生显著高于女生（$p<0.05$）。

表3-2-4　不同性别中学生应对方式比较

	性别	N	均值	标准差	
问题解决	男	387	2.9863	0.62225	0.095
	女	330	2.9121	0.55592	
寻求社会支持	男	385	2.7065	0.65732	0.912
	女	330	2.7013	0.58597	
合理化的解释	男	384	2.9443	0.64563	0.016
	女	328	2.8323	0.58403	
忍耐	男	387	2.4981	0.61960	0.238
	女	332	2.4435	0.61515	
逃避	男	384	2.1387	0.69815	0.062
	女	331	2.0453	0.62631	
发泄情绪	男	384	2.1510	0.71169	0.942
	女	331	2.1473	0.66231	
幻想	男	386	2.2611	0.75469	0.614
	女	326	2.2337	0.68277	

四、不同年级中学生应对方式差异

不同年级的中学生应对方式情况见表3-2-5，在指向情绪应对的忍耐、逃避和情绪发泄三个维度上具有显著性差异（$p<0.05$）。

表 3-2-5　不同年级中学生应对方式差异

		N	均值	标准差	标准误	F	显著性
问题解决	初一	380	2.9474	0.58440	0.02998	0.044	0.957
	初二	247	2.9612	0.60888	0.03874		
	初三	90	2.9476	0.59442	0.06266		
	总数	717	2.9522	0.59339	0.02216		
寻求社会支持	初一	381	2.6794	0.60937	0.03122	0.657	0.519
	初二	244	2.7365	0.63796	0.04084		
	初三	90	2.7206	0.65655	0.06921		
	总数	715	2.7041	0.62498	0.02337		
合理化的解释	初一	377	2.8785	0.61419	0.03163	0.909	0.403
	初二	246	2.8846	0.63272	0.04034		
	初三	89	2.9753	0.61038	0.06470		
	总数	712	2.8927	0.62011	0.02324		
忍耐	初一	382	2.4038	0.62620	0.03204	5.181	0.006
	初二	247	2.5557	0.59698	0.03799		
	初三	90	2.5389	0.60882	0.06418		
	总数	719	2.4729	0.61772	0.02304		
逃避	初一	381	2.0374	0.68806	0.03525	3.137	0.044
	初二	244	2.1670	0.64192	0.04109		
	初三	90	2.1472	0.62586	0.06597		
	总数	715	2.0955	0.66702	0.02495		
发泄情绪	初一	379	2.0818	0.69501	0.03570	4.406	0.013
	初二	246	2.2480	0.66317	0.04228		
	初三	90	2.1639	0.70528	0.07434		
	总数	715	2.1493	0.68880	0.02576		

续表

		N	均值	标准差	标准误	F	显著性
幻想	初一	379	2.2121	0.72969	0.03748	1.399	0.248
	初二	244	2.2697	0.70453	0.04510		
	初三	89	2.3461	0.73532	0.07794		
	总数	712	2.2486	0.72228	0.02707		

从表3-2-6中的多重比较发现，在忍耐、逃避和发泄情绪三个维度上初二学生显著高于初一年级，其他年级之间没有显著性差异。从图3-2-1至图3-2-5中可以看出，初二、初三年级的学生的应对方式要高于一年级的学生，这可能是年龄因素的影响，但是初三的学生并不是每个维度都高，这可能与初三学生面临的学习压力及面临中考等因素有关。

表3-2-6 不同年级之间应对方式多重比较结果

因变量	(I) 年级	(J) 年级	均值差 (I-J)	标准误	显著性
忍耐	初一	初二	-0.60749 *	0.20058	0.003
		初三	-0.54037	0.28784	0.061
	初二	初三	0.06712	0.30247	0.824
逃避	初一	初二	-0.51843 *	0.21812	0.018
		初三	-0.43928	0.31177	0.159
	初二	初三	0.07914	0.32807	0.809
发泄情绪	初一	初二	-0.66469 *	0.22451	0.003
		初三	-0.32838	0.32154	0.307
	初二	初三	0.33631	0.33781	0.320

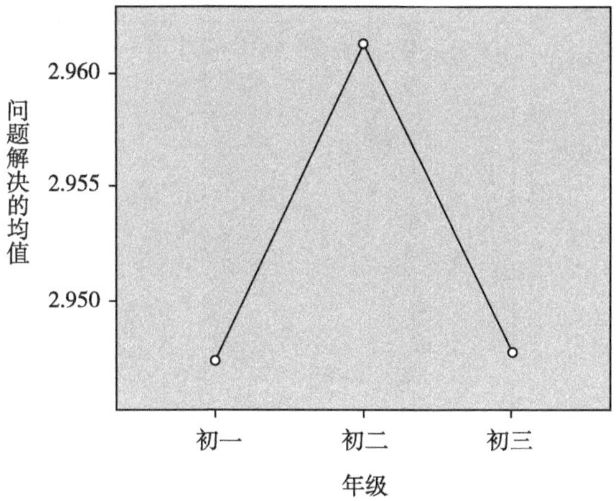

图 3-2-1　各年级问题解决的均值

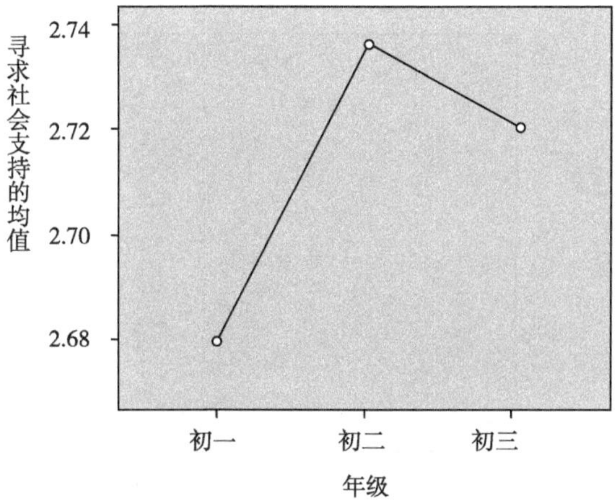

图 3-2-2　各年级寻求社会支持的均值

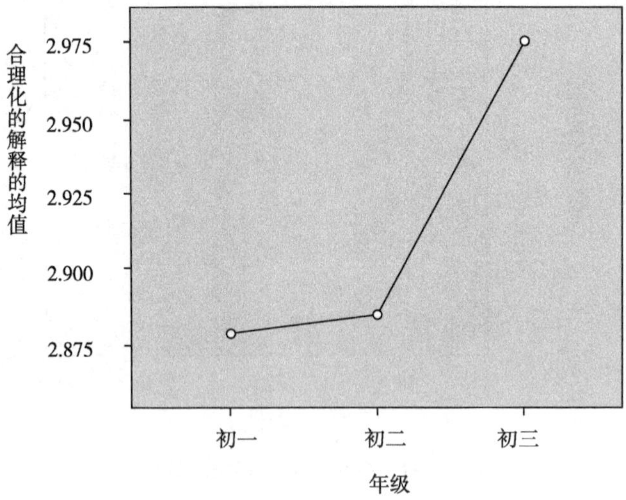

图 3-2-3　各年级合理化解释的均值

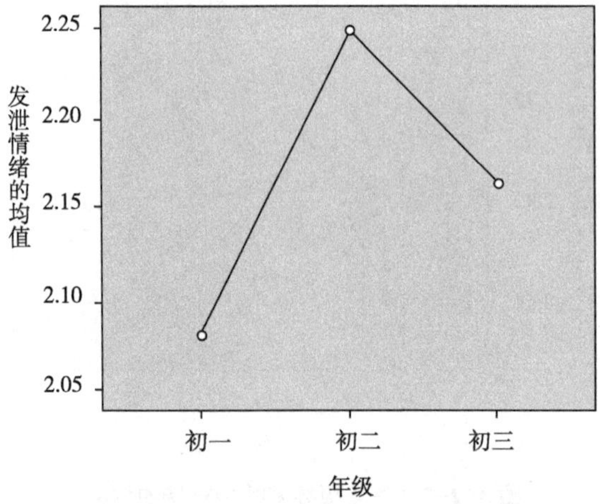

图 3-2-4　各年级发泄情绪的均值

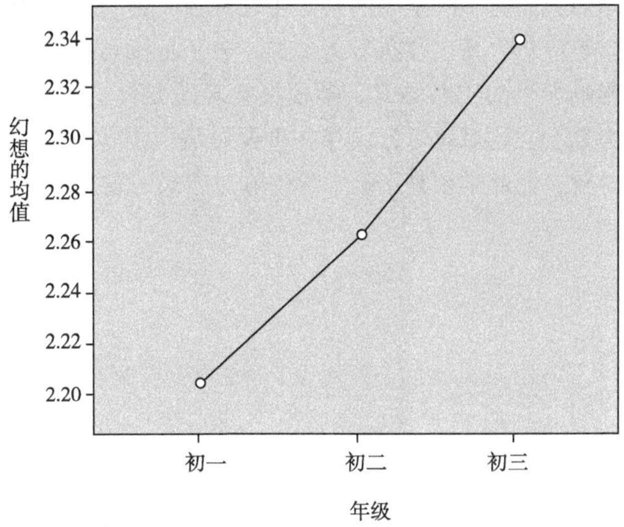

图 3-2-5　各年级幻想的均值

第三节　小　结

近些年来对应对方式的研究引起了学者的广泛关注，对研究不同的群体应对方式的特点有了初步的基础。研究主要集中于影响应对方式的各种因素，当前的研究结果认为年龄、性别、人格特点、家庭环境、社会因素等内外因素对应对方式具有不同程度的影响，通过与已有的研究结果进行比较，本章的研究得出如下结论：

第一，已有对中学生应对方式的研究表明，不同性别和年龄中学生应对方式存在差异，但是差异仅仅体现在不同的维度上，本研究在性别上仅仅是合理化解释维度存在显著性差异，而其他维度则没有显著差别。这与已有研究结果不一致。

第二，在年龄方面本研究以不同年级作为年龄段进行比较，发现在三个维度上存在显著差异，说明年龄因素也是影响应对方式的一个因素。这与已有研究部分一致。

第三，本研究还对不同学校的中学生应对方式进行了分析，结果发现不同学校中学生应对方式也存在显著差异。分析原因可能是不同学校的学校文化环境影响学生的应对方式。学校文化环境是社会文化的一个方面，已有研究认为社会文化对应对方式存在重要影响。中学生身处的最主要文化环境就是学校，因此学校是影响中学生应对方式的重要因素。

第四章　中小学生应对突发人身伤害事件之身体素质测试分析

——以北京市中小学为例

2007 年《中共中央国务院关于加强青少年体育增强青少年体质的意见》中指出，增强青少年体质、促进青少年健康成长，是关系国家和民族未来的大事。2011 年国家体育总局与教育部共同发布了 2010 年国民体质监测结果，学生体质与健康存在的主要问题表现在身体素质、视力下降、肥胖和龋齿反弹。世界范围内青少年身体素质的下降主要表现在力量、耐力和柔韧性方面，青少年身体素质下降问题已引起了各国政府的重视。

青少年身体素质的下降不仅会对青少年的健康成长带来威胁，而且更应该引起重视的是由于身体素质差，青少年在未来的一生中遭遇到突发事件时甚至会失去生命。目前的中学男生引体向上都拉不上去了，如果遇到火灾或水灾，让他们攀爬逃生绳时，没有力量的人就可能会丢掉性命；校园中遇到歹徒的袭击，曾有一名女生紧紧抓住捅向自己的刀子，受伤的是手，而不是丢掉性命，这就需要力量和勇气；如遇到歹徒的追击，需要受害者有较快的速度和耐力才能逃脱，目前很多青少年跑上 400 米就气喘吁吁了，如遇突发人身伤害事件受到的伤害几乎无法摆脱…… 因此，通过提高青少年的身体素质，从而提高青少年的自我防卫能力和技能是体育课程中亟待树立起的教学理念和付诸实施的重要问题。

第一节　对北京市优秀体育学校学生身体素质的测试分析

2011 年，笔者参加了由国家体育总局组织的《国家体育锻炼标准》修订小组，课题组选取北京、重庆、上海、安徽、广州等省，对6~69岁人群各年龄组进行了抽样测试。其中，课题组在北京市抽取了体育开展比较好的两所小学、两所中学。选取小学五至六年级、初中一、二年级男女学生各240名，共1200名学生参加了测试。小学五至六年级的学生进行了50米跑、仰卧起坐、立定跳远、50米×8往返跑的测试；初中一、二年级学生参加了50米跑、800米跑（女）、1000米跑（男）、立定跳远、仰卧起坐（女）、引体向上（男）的测试。本研究采用spss13.0统计专用软件对测试的数据进行统计和处理。

一、小学五至六年级学生的身体素质指标分析

表4-1-1中数据的样本是从北京市体育课、课外体育活动开展比较好的两所小学五至六年级学生中随机抽取了男、女各240名进行测试。从对表4-1-1中数据的整体分析中可以看出，小学五至六年级学生耐力素质、力量素质有较大幅度的下降，2003年《学生体质健康标准》无论是优秀分数线还是及格分数线的要求都低于1989年的《国家体育锻炼标准》。学生身体素质测试项目达到1989年标准及格线的不足50%，达到优秀线的不足5%。比较突出反映问题的指标具体分析介绍如下：

表4-1-1　小学五至六年级的身体素质指标

项目		2011		优秀率		及格率	
		平均数	标准差	2003	1989	2003	1989
50米跑（秒）	男	9″5	0.98″	16.9%	2.8%	87%	16.9%
	女	9″56	0.9″	23.3%	2.3%	96.9%	19%
50米×8往返跑（分、秒）	男	2′15″	24″	6.8%	2%	87.3%	18.3%
	女	2′21″	28″	5.7%	3.1%	90.6%	40.1%
立定跳远（厘米）	男	160	18	6.2%	4.8%	77.2%	32.7%
	女	156	17	13.1%	4%	89.2%	59.5%
仰卧起坐（个）	男	42	12	40.8%	31.3%	94.6%	77.2%
	女	40	10	36.6%	34.7%	94.6%	83.2%

注：优秀率、及格率的计算以2003年《学生体质健康标准》、1989年《国家体育锻炼标准》数值为准。

从表 4-1-1 中看出，学生们的耐力素质现状着实令人担忧。男生 50 米×8 往返跑的平均数为 2′15″±24″，按照 1989 年《国家体育锻炼标准》，优秀率为 2%，及格率为 18. 3%，按照 2003 年《学生体质健康标准》，优秀率为 6. 8%，及格率为 87. 3%，按照 1989 年的标准及格率和优秀率的数值非常低，这说明学生们的耐力素质较以前差距很大。女生 50 米×8 往返跑的平均数为 2′21″±28″，按照 1989 年《国家体育锻炼标准》，优秀率为 3. 1%，及格率为 40. 1%；按照 2003 年《学生体质健康标准》，优秀率为 5. 7%，及格率为 90. 6%，学生们达到优秀程度的人数极少，按照 1989 年的标准，能够及格的同学人数不能过半，这说明无论是小学五至六年级的男生还是女生，耐力素质较以前都处于大幅度下降状态。

从表 4-1-1 中可以看出，学生们的力量素质现状也同样不容乐观。男生立定跳远的平均数为 160±18 厘米，按照 1989 年《国家体育锻炼标准》，优秀率为 4. 8%，及格率为 32. 7%；按照 2003 年《学生体质健康标准》，优秀率为 6. 2%，及格率为 77. 2%，按照 1989 年的标准及格率和优秀率的数值非常低，按照 2003 年的标准优秀率数值也比较低。女生立定跳远的平均数为 156±17 厘米，按照 1989 年《国家体育锻炼标准》，优秀率为 4%，及格率为 59. 5%；按照 2003 年《学生体质健康标准》，优秀率为 13. 1%，及格率为 89. 2%，按照 1989 年的标准及格率和优秀率的数值非常低。男生仰卧起坐的平均数为 42±12 个，女生仰卧起坐的平均数为 40±10 个，仰卧起坐的数值较以前没有太大变化。通过分析发现，小学五至六年级的男生和女生的力量素质较以前有大幅度下降，如果按照 1989 年的标准只有不足 50%的同学能够及格。

从表 4-1-1 中还可以看出，男生 50 米跑的平均数为 9′5″±0. 98″，女生 50 米跑的平均数为 9′56″±0. 9″，学生们的速度素质基本上达到了 2003 年《学生体质健康标准》的要求，但如果按照 1989 年的《国家体育锻炼标准》来衡量优秀率和及格率则较低，这也说明并不是学生们的速度素质好，而是为了能够让学生及格、毕业不得不面对现状降低了要求。

联系学生们的自我防卫能力，我们想象一下当面对突发人身伤害事件时，各项素质达到优秀的学生尚不足以抵抗或躲避暴徒的攻击，何况是跑不动、跳不远、没有力量的学生，这样的身体素质更谈不上在面对突发事件时有过硬的心理素质。对比体育教师们对学生身体素质评价的问卷，68.9%的教师认为学生的身体素质比较好，这种对比更令人忧心，如果我们至今仍不能充分认识学生们身体素质的状况，那么他们也许在未来的生活中遇到危险时，会为此付出沉重的代价。

二、初中一年级学生的身体素质指标分析

表4-1-2中数据的样本是从北京市体育课、课外体育活动开展比较好的两所中学初一年级中随机抽取了男、女各240名学生进行测试。从对表4-1-2数据的整体分析中可以看出，初中一年级学生的耐力素质、力量素质、速度素质较差，特别是男生的引体向上成绩相当差。如果按照1989年《国家体育锻炼标准》，学生们大多数身体素质测试项目的及格率较低。针对比较突出反映问题的指标分析如下：

表4-1-2 初中一年级学生的身体素质指标

项目	性别	2011		优秀率		及格率	
		平均数	标准差	2003	1989	2003	1989
50米跑（秒）	男	8″05	0.7″	31.5%	31.5%	98.4%	75%
	女	8″93	0.68″	37.5%	5.9%	89.7%	37.5%
1000米（分）	男	5′	31″	4.8%	0%	58.1%	28.2%
800米（分）	女	4′28″	26″	11%	4.4%	77.2%	40.4%
立定跳远（厘米）	男	190	20	5.6%	9.7%	86.3%	41.1%
	女	170	15	14.7%	9.1%	95.6%	67.6%
引体向上（个）	男	1	2	0%	0%	3.6%	2.4%
仰卧起坐（个）	女	41	8	30.1%	46.3%	100%	94.1%

注：优秀率、及格率的计算以2003年《学生体质健康标准》、1989年《国家体育锻炼标准》数值为准。

从表4-1-2中可以看出，学生们的力量素质比较差。男生引体向上的平均数为1±2个，按照1989年《国家体育锻炼标准》，优秀率为0，及格率为2.4%；按照2003年《学生体质健康标准》，优秀率为0，及格率为

3.6%，这充分说明初一男生的上肢力量、肩带力量、背部力量极差，这一点急需引起体育界、教育界乃至全社会的高度重视。男生立定跳远的平均数为190±20厘米，按照1989年《国家体育锻炼标准》，优秀率为9.7%，及格率为41.1%；按照2003年《学生体质健康标准》，优秀率为5.6%，及格率为86.3%，按照1989年的标准及格率的数值非常低。女生立定跳远的平均数为170±15厘米，按照2003年《学生体质健康标准》，优秀率为14.7%，及格率为95.6%；按照1989年的标准，优秀率为9.1%，及格率为67.6%，按照1989年的标准及格率的数值也比较低。通过分析发现，初中一年级的男生和女生的力量素质较差，男生上肢、肩带、背部肌肉力量极差，男女生的腿部力量较差，女生腰腹力量基本符合要求。

从表4-1-2中可以看出，学生们的耐力素质不容乐观。男生1000米成绩平均数为5′±31″，按照1989年《国家体育锻炼标准》，优秀率为0，及格率为28.2%；按照2003年《学生体质健康标准》，优秀率为4.8%，及格率为58.1%。女生800米跑的平均数为4′28″±26″，按照1989年《国家体育锻炼标准》，优秀率为4.4%，及格率为40.4%，按照2003年《学生体质健康标准》，优秀率为11%，及格率为77.2%。如果按照1989年的标准，能够及格的同学人数则不能过半，这说明无论是初中一年级男生还是女生耐力素质都较差。

从表4-1-2中还可以看出，男生50米跑的平均数为8′05″±0.7″，女生50米跑的平均数为8′93″±0.68″，学生们的速度素质基本上达到了2003年《学生体质健康标准》的要求，但如果按照1989年的《国家体育锻炼标准》来衡量，女生的及格率低于50%。

三、初中二年级学生的身体素质指标分析

表4-1-3中数据的样本是从北京市体育课、课外体育活动开展比较好的两所中学初二年级中随机抽取了男、女各240名学生进行测试。从对表4-1-3数据的整体分析中看出，初中二年级学生的耐力素质、力量素质均较以前同样较差，特别是男生的引体向上成绩相当差。如果按照1989年的《国家体育锻炼标准》，几项身体素质测试的及格率较低。针对比较突出反映问题的指标分析如下：

表 4-1-3 初中二年级学生的身体素质指标

项目	性别	2011		优秀率		及格率	
		平均数	标准差	2003	1989	2003	1989
50 米跑（秒）	男	7″77	0. 69″	45. 2%	27. 8%	96. 5%	64. 3%
	女	8″72	0. 67″	42. 5%	10. 6%	90. 3%	46. 9%
1000 米（分）	男	4′21″	1′02″	23. 5%	13. 9%	81. 7%	45. 2%
800 米（分）	女	4′29″	27″	13. 3%	2. 7%	92%	33. 6%
立定跳远（厘米）	男	216	20	21. 7%	30%	95. 7%	90%
	女	175	14	10. 6%	10. 6%	96. 5%	73. 5%
引体向上（个）	男	3	3	0%	3. 5%	13%	9. 6%
仰卧起坐（个）	女	41	9	39. 8%	50%	94%	90%

注：优秀率、及格率的计算以 2003 年《学生体质健康标准》、1989 年《国家体育锻炼标准》数值为准。

从表 4-1-3 中可以看出，学生们力量素质比较差。男生引体向上的平均数为 3±3 个，按照 1989 年《国家体育锻炼标准》，优秀率为 3. 5%，及格率为 9. 6%；按照 2003 年《学生体质健康标准》，优秀率为 0，及格率为 13%，这充分说明初二男生同上面分析的初一男生情况相同，上肢力量、肩带力量、背部力量极差。男女生的立定跳远成绩，优秀率和及格率数值比较正常，女生仰卧起坐数值表明女生腰腹力量很好。

从表 4-1-3 中可以看出，学生们的耐力素质也比较差。男生 1000 米成绩平均数为 4′21″±1′02″，按照 1989 年《国家体育锻炼标准》，优秀率为 13. 9%，及格率为 45. 2%；按照 2003 年《学生体质健康标准》，优秀率为 23. 5%，及格率为 81. 7%，按照 1989 年的标准及格率的数值非常低。女生 800 米跑的平均数为 4′29″±27″，按照 1989 年《国家体育锻炼标准》，优秀率为 2. 7%，及格率为 33. 6%；按照 2003 年《学生体质健康标准》，优秀率为 13. 3%，及格率为 92%，按照 1989 年的标准能够及格的同学人数不能过半，这说明无论是初中二年级男生还是女生耐力素质都比较差。

联系学生的自我防卫能力，任何自我防卫的技能如果没有力量做保障效果都是零。如果遇到突发人身伤害事件，以男生引体向上一个都拉不上去的素质，几乎没有任何反抗能力。以学生们的身体素质现状，几乎无法通过自己的能力降低突发人身伤害事件的伤害程度。学生们未来的一生会遇到各种危险，生命是最宝贵的，如果在青少年时期没有奠定过硬的身体素质基础，将来威胁到他们的不仅仅是健康问题，而且有可能是生命的问题。

第二节　对中央民族大学实习学校学生身体素质的测试分析

2013 年，笔者在中央民族大学 2010 级本科学生大学实习期间，在北京市明光中学、人大附中第二分校、北京市师达中学、北京市北苑中学和府学胡同小学组织测试了与中小学生应对人身突发伤害事件相关的身体素质项目。每个学校抽取初一、初二男生和女生各 80 人，小学 5~6 年级 80 人。初中测试的项目为 50 米跑、立定跳远、1 分钟仰卧起坐（女）、引体向上（男）、十字象限跳；小学为 30 米跑、立定跳远、1 分钟仰卧起坐和十字象限跳。本研究采用 SPSS17. 0 统计专用软件对测试的数据进行统计和处理。

一、小学五至六年级学生的身体素质数据分析

表 4-2-1 中数据的样本是从北京府学胡同小学随机抽取了男、女各 80 名学生进行测试。从对表 4-2-1 中数据的整体分析可以看出，小学五至六年级学生力量素质较差、灵敏性较差。针对比较突出的问题，指标分析如下：

表 4-2-1　小学五至六年级学生的身体素质数据

项目	性别	2013		优秀率	及格率
		平均数	标准差	2014	2014
30 米跑（秒）	男	6″5	0. 98″		
	女	6″7	0. 4″		

续表

项目	性别	2013		优秀率	及格率
		平均数	标准差	2014	2014
十字象限跳（秒）	男	21″	1	0	1.8%
	女	22″	1	0	0
立定跳远（厘米）	男	176	10.1	0	46.4%
	女	170	7.3	3.9%	60.8%
仰卧起坐（个）	男	40	5	0	55.4%
	女	39	5	3.9	49%

注：优秀率、及格率的计算以2014年国家学生体质健康标准（2014年修订）数据为准。

从表4-2-1中可以看出，学生们的力量素质比较差。男生立定跳远的平均数为176±10.1厘米，优秀率为0，及格率为46.4%；女生立定跳远的平均数为170±7.3厘米，优秀率为3.9%，及格率为60.8%，与上一节中北京两所较好学校测试的小学生身体素质测试中的立定跳远项目相比，力量素质更好一些，但仍离达到标准的要求有一定的差距，府学胡同小学为北京市小学的名校，十分重视身体素质锻炼，其学生身体素质如此，说明这一点急需引起体育界、教育界乃至全社会的高度重视。

男生十字象限跳的平均数为21″±1″，女生十字象限跳的平均数为22″±1″，男生和女生几乎都没有达到及格的标准。这说明学生们平时缺乏灵敏性素质的练习，灵敏性较差，学生们需要在体育课、课外体育活动或课余时间进行有效的练习。

二、初中一年级学生的身体素质数据分析

表4-2-2中数据的样本是从北京市明光中学、人大附中第二分校、北京市师达中学、北京市北苑中学初一年级学生中随机抽取了男、女各120名学生进行测试。从对表4-2-2中数据的整体分析可以看出，初中一年级男生上肢力量较差、女生下肢力量较差，男生和女生灵敏性均较差。针对比较突出的问题，指标分析如下：

表 4-2-2　初中一年级学生的身体素质数据

项目	性别	2013		优秀率	及格率
		平均数	标准差	2014	2014
50 米跑（秒）	男	8″2	2″1	32%	80%
	女	9″4	0. 4″	4. 3%	81. 9%
十字象限跳（秒）	男	18″8	12″1	7. 7%	22. 5%
	女	18″9	7″7	22%	43. 5%
立定跳远（厘米）	男	194. 7	19. 1	23. 1%	94. 7%
	女	160	8. 2	16. 9%	65. 8%
引体向上（个）	男	3	2	6. 2%	28. 1%
仰卧起坐（个）	女	32	10	19. 6%	94%

注：优秀率、及格率的计算以 2014 年国家学生体质健康标准（2014 年修订）数据为准。

从表 4-2-2 中可以看出，男生的上肢力量比较差。男生引体向上的平均数为 3±2 个，优秀率为 6. 2%，及格率为 28. 1%，这说明男生的上肢力量、肩带力量相当差。女生立定跳远的平均数为 160±8. 2 厘米，优秀率为 16. 9%，及格率为 65. 8%，与府学胡同小学五至六年级女生立定跳远的平均数 170±7. 3 厘米相比，比小学女生的成绩要差。这说明初一女生的下肢力量比较差。

男生十字象限跳的平均数为 18″±12″1，女生十字象限跳的平均数为 18″9±7″7，男生和女生几乎都没有达到及格的标准。这说明学生们平时缺乏灵敏性素质的练习，灵敏性较差，学生们需要在体育课、课外体育活动或课余时间进行有效的练习。

三、初中二年级学生的身体素质数据分析

表 4-2-3 中数据的样本是从北京市明光中学、人大附中第二分校、北京市师达中学、北京市北苑中学初二年级学生中随机抽取了男、女各 120 名学生进行测试。从对表 4-2-3 中数据的整体分析可以看出，与初中一年级学生的身体素质存在的基本问题几乎相同，初中二年级男生上肢力量较

差、女生下肢力量较差，男生和女生灵敏性均较差。针对比较突出的问题，指标分析如下：

表 4-2-3　初中二年级学生的身体素质数据

项目	性别	2013		优秀率	及格率
		平均数	标准差	2014	2014
50 米跑（秒）	男	8″2	1″8	23.1%	81.3%
	女	8″8	0.4″	4.3%	81.9%
十字象限跳（秒）	男	19″7	11″1	12%	30%
	女	16″5	4″4	23%	50%
立定跳远（厘米）	男	206	17	21%	95%
	女	160	17.2	15%	63%
引体向上（个）	男	3	3	6%	26%
仰卧起坐（个）	女	32	10	19.3%	96%

从表 4-2-3 中可以看出，男生的上肢力量比较差。男生引体向上的平均数为 3±3 个，优秀率为 6%，及格率为 26%，这说明男生的上肢力量、肩带力量相当差。女生立定跳远的平均数为 160±17.2 厘米，优秀率为 15%，及格率为 63%，与府学胡同小学五至六年级女生立定跳远的平均数 170±7.3 厘米相比，比小学女生的成绩要差，与初一年级女生的立定跳远的平均值相同。这说明初二女生的下肢力量比较差。

男生十字象限跳的平均数为 19″7±11″1，女生十字象限跳的平均数为 16″5±4″4，虽然初二女生较初一女生的成绩好些，但男生和女生几乎都没有达到及格的标准。这说明学生们平时缺乏灵敏性素质的练习，灵敏性较差，学生们需要在体育课、课外体育活动或课余时间进行有效的练习。

四、身体素质是提高自我防卫能力的基础

（一）身体素质练习

现有体育课程中开设的篮球、足球、排球、武术、田径等内容在教会

学生掌握运动技能的同时，也有促进学生身体素质提高的作用。但由于现在授课班级的人数普遍较多，学生上课的活动量较小，教学内容过多考虑学生的兴趣等原因，造成了学生身体练习的重复次数少、运动负荷不够的结果，这既不利于提高学生的身体素质，也不利于他们掌握运动技能。

本研究建议在体育教学中专门加入身体素质练习的内容：一方面身体素质的练习对场地器材的要求少，受班级人数影响小，适合中国国情；另一方面能够保证学生在体育课上的练习强度。同时，身体素质训练的练习着重耐力、力量素质的练习，如引体向上、长跑等内容急需回归课堂，身体素质的练习在很大程度上需教师“强迫”学生完成。

（二）提高学生自我防卫能力的内容

在提高学生身体素质的基础上，提高学生自我防卫能力的教学内容需要简单、有效并且具有实践性。这些内容在中小学体育课堂中教授，大约授课的时数为20~30学时，每学时为10~15分钟。

本研究建议提高学生自我防卫能力的内容包括：防卫姿势，即学生应对可能出现的攻击做好防卫的姿势；躲避步伐，即学生在危急时刻向不同方向或位进行移动的步法；安全呼喊，即学生在做防卫动作时配合动作所发出的喊声；腿部的防卫攻击，即在防卫姿势的基础上运用腿部攻击进攻者的身体薄弱部位；手肘部位的防卫攻击，即在防卫姿势的基础上运用手、肘部攻击进攻者的身体薄弱部位；挣脱单、双手的抓握；挣脱紧抱；在压住颈部或头部时如何挣脱等技能。

第五章　应对突发人身伤害事件之自我防卫技能教学实验

第一节　教学实验设计

一、研究对象的选取

选取北京市 41 中学初二年级两个班，一个班为对照班，另一个班为实验班进行研究，选取北京市 154 中学初二年级两个班，一个班为对照班，另一个班为实验班。首先，课题组先后召集专家研讨确定教学实验内容，然后对实验老师 41 中学李琳、154 中学张明慧进行培训。两所中学历经一学期的时间对照班照常按照教学大纲内容上课，实验班在按照教学大纲授课的同时，进行了 60 学时，增加了 10～15 分钟身体素质和安全防卫技能内容的教学实验。

二、教学实验设计

教学内容从加强中小学应对突发人身伤害事件生命安全教育的基本点出发，根据中小学学生的生理、心理等具体特点，结合中小学体育课的教学实际等状况，设计相关防卫技能教学课程，提高学生抵御危险的能力，使中小学生们面对危害时能最大限度地减低受伤害程度，增强其自我保护能力，这也是本课程教学内容的最终目的。

教学内容初定 60 学时，在不改变原有教学内容的基础上，在每节体育课中加入 10～15 分钟身体素质练习或自我防卫能力技能教学的内容。教学内容设计主要分为自我防卫技能学习和身体素质锻炼两部分。其中身体素质练习为 30 学时，自我防卫能力技能练习为 30 学时。整体设计注重体能与技能的结合，在全面提高学生身体素质的同时，不断深入学习基本防卫技能，增强中小学生自我防卫能力。

(一) 教学设计的依据

第一体能　结合中小学生应对突发人身伤害事件的防卫需求，该教学内容关于体能的训练主要是针对中小学生的力量、灵敏与速度三项基本素质的练习，目的在于全面提高中小学生的身体素质，使其具有应对突发人身伤害事件的身体基础。力量、灵敏、速度的练习内容既有较好的效果，又能激发学生的练习兴趣。其中，身体素质的练习内容分布到每节课中，练习时间一般为 10~15 分钟。

第二技能　把中国实战技法（散打）与国内外中小学体育教学中自我防卫能力提高课程等教学内容相结合，选取具有实战防卫意义且符合中小学生学习实际的部分武技动作作为课程的技能学习内容，使其具有简单、实用、容易掌握的特点。

第三情景实战　技能的学习重在运用，设计模拟人身伤害的情景，使学生在前阶段的体能、技能学习能够与实际应用融于一体，提高学生对防卫技能的应用能力。

第四沟通交流　情景模拟教学课中，老师与学生之间的沟通交流更为重要，每次情景教学后老师与学生都要共同进行综合分析与交流，使学生把防卫知识与防卫实战技能、临场危害处理能力综合起来，提高学生的综合防卫能力，从而达到课程的目标。

（二）教学内容目录（如表 5-1-1 所示）

表 5-1-1　中小学体育课程安全防卫技能教学内容

身体素质练习（每节课 10~15 分钟）	
第一次课	力量
第二次课	速度
第三次课	力量
第四次课	速度
第五次课	灵敏
第六次课	力量
第七次课	速度
第八次课	力量
第九次课	速度
第十次课	灵敏
第十一次课	力量
第十二次课	速度
第十三次课	力量
第十四次课	速度
第十五次课	灵敏
第十六次课	力量
第十七次课	速度
第十八次课	力量
第十九次课	速度
第二十次课	灵敏
第二十一次课	力量
第二十二次课	速度
第二十三次课	力量
第二十四次课	速度

续表

身体素质练习（每节课 10~15 分钟）	
第二十五次课	灵敏
第二十六次课	力量
第二十七次课	速度
第二十八次课	力量
第二十九次课	速度
第三十次课	灵敏
自我防卫技能（每节课 10~15 分钟）	
第一次课	遇枪击卧倒
第二次课	遇爆炸卧倒
第三次课	遇枪击逃跑姿势
第四次课	遇枪击逃跑时突然卧倒姿势
第五次课	防卫姿势
第六次课	安全呼救（发声）
第七次课	直拳
第八次课	摆拳
第九次课	勾拳
第十次课	三种拳法混合练习
第十一次课	后肘击
第十二次课	前肘击
第十三次课	冲膝
第十四次课	前踢
第十五次课	侧踢
第十六次课	后踢
第十七次课	前抓发
第十八次课	前抓发组合练习

续表

自我防卫技能（每节课 10–15 分钟）	
第十九次课	后抓发
第二十次课	前抓发组合练习
第二十一次课	单锁喉
第二十二次课	双锁喉
第二十三次课	双锁喉+基础练习
第二十四次课	抓腕挣脱
第二十五次课	由后锁喉
第二十六次课	由后锁喉+基础练习
第二十七次课	由后抱腰抱手
第二十八次课	由后抱腰没抱手
第二十九次课	自我防卫能力情景教学
第三十次课	考核课

第二节　教学实验报告与结果分析

一、北京市 41 中学学生身体素质教学实验报告

（一）实验目的

结合中小学生应对突发人身伤害事件的防卫需求，该实验的训练主要是针对中小学生的力量、灵敏与速度三项基本素质的练习，目的在于全面提高中小学生的身体素质，使其具有应对突发人身伤害事件的身体基础，提高学生的综合防卫能力。

（二）实验准备部分

1. 实验对象

本实验的实验对象为初一、初二年级学生，实验选取北京市第 41 中学初

一两个班级学生为实验对象，两个班级学生的指标测试无显著性差异后，分为实验班级和对照班级，实验班级人数为 26 人，对照班级学生为 28 人。

2. 实验方法

实验主要采用对照实验法，在不改变原有教学内容的基础上，利用 30 课时的体育课，对实验班级在每节体育课前段 10~15 分钟加入身体素质练习。对照班级按照正常的教学计划进行上课。实验后，通过测试数据的对比分析，研究两个班级学生身体素质变化情况，得出结论。

3. 实验器材

哨子、秒表、足球、橡皮筋、标志筒、实心球、哑铃、体操棒、接力棒、跨栏架、呼啦圈等。

4. 实验时间

实验时间从 2013 年 10 月 28 日至 2014 年 1 月 3 日

5. 实验测试指标

（1）力量指标测试：立定跳远、引体向上（男）、仰卧起坐（女）。

（2）速度指标测试：50 米跑。

（3）灵敏指标测试：十字象限跳。

（三）实验实施步骤

实验内容的设计包括力量类练习、速度类练习和灵敏类练习。练习根据初一年级学生的爱动、喜欢挑战和比赛以及对新鲜事物感兴趣的心理特点，引入和借助多种体育器材，借鉴和设计了丰富多样的练习方式，改变传统的单调的传授式授课方式，在每节课前 10~15 分钟加入有趣的身体素质练习，充分地调动学生参与的兴趣，让他们在快乐的体验中得到身体体能上的锻炼。实验的主要练习分为三大类，包括力量类练习、速度类练习、灵敏类练习。三类练习是相互独立的，每次课只进行一种类型的素质练习。教师在上课前按照实验计划，从三个类型中选取本次教学要发展的身体素质的练习项目，进行独立身体素质的练习。练习内容是按照教学实验设计的内容进行的。

（四）实验结果与分析

1. 力量指标成绩统计分析

（1）立定跳远成绩统计分析

立定跳远的测试是为了测试学生的下肢爆发力，如表 5-2-1 和表 5-2-2所示。其中，X1 代表第一次测试的平均成绩，X2 代表第二次测试的平均成绩。

表 5-2-1 实验班级和对照班级立定跳远成绩自我对照

（单位：米）

		X1	X2	差值	P 值
实验班级	男	1.77	2.01	0.24	P<0.05
	女	1.67	1.75	0.08	P<0.05
对照班级	男	1.76	1.89	0.13	P<0.05
	女	1.66	1.69	0.03	P>0.05

根据表 5-2-1 可知，实验班级男生立定跳远的第一次平均成绩是 1.77 米，第二次平均成绩是 2.01 米，成绩平均增长了 0.24 米，两次成绩经 T 检验得知具有显著性差异，对照班级男生立定跳远第一次平均成绩是 1.76 米，第二次平均成绩是 1.89 米，成绩平均增长了 0.13 米，两次成绩经 T 检验得知具有显著性差异。

实验班级女生立定跳远第一次平均成绩是 1.67 米，第二次平均成绩是 1.75 米，增长了 0.08 米，两次成绩通过 T 检验显示具有显著性差异。对照班级女生立定跳远的第一次平均成绩是 1.66 米，第二次平均成绩是 1.69 米，增长了 0.03 米，两次成绩通过 T 检验显示不具有显著性差异。

表 5-2-2 实验班级和对照班级立定跳远的成绩对照

（单位：米）

		X1	差值	P 值	X2	差值	P 值
男	实验班级	1.77	0.01	P>0.05	2.01	0.12	P<0.05
	对照班级	1.76			1. 89		
女	实验班级	1.67	0.01	P>0.05	1.75	0.06	P<0.05
	对照班级	1.66			1.69		

由表 5-2-2 中可以看出，实验班级和对照班级男生的第一次立定跳远

平均成绩差值为0.01米，T检验不具有显著性差异，而第二次两个班级的平均成绩的差值为0.12米，比第一次多了0.11米，T检验具有显著性差异。实验班级和对照班级女生的第一次立定跳远平均成绩差值为0.01米，T检验不具有显著性差异，而第二次两个班级的平均成绩差值为0.06米，比第一次多了0.05米，T检验具有显著性差异。

实验中，实验班级通过多种增强下肢力量的针对性练习，对下肢尤其是大腿的肌肉产生了良好的刺激，使下肢的爆发力迅速提升，立定跳远的成绩提升很大。因此在实验后，实验班级立定跳远第二次成绩的差值比对照班级都大；在自身比较时，实验班级的男生自身涨幅度最大，而对照班级男生自身涨幅度第二，实验班级女生自身涨幅度第三，对照班级女生自身涨幅度最小。可以看出对照班级此段时期没有对下肢力量进行足够的练习，爆发力提升不明显，成绩增长不大。

（2）女生仰卧起坐成绩统计分析

仰卧起坐反映的是学生腰腹部力量，这些练习对实验班级女生腰腹力量的影响如表5-2-3所示，其中，X1代表第一次测试的平均成绩，X2代表第二次测试的平均成绩。

通过表5-2-3可知，实验班级女生仰卧起坐第一次平均成绩是36.6个，第二次平均成绩是39.3个，平均增长了2.7个，两次成绩的T检验结果显示具有显著性差异。对照班级女生第一次平均成绩是36.2个，第二次平均成绩是36.5个，平均增长了0.3个，两次成绩的T检验结果显示不具有显著性差异。

表5-2-3　实验班级和对照班级女生仰卧起坐成绩自我对照

（单位：个）

		X1	X2	差值	P值
实验班级	女	36.6	39.3	2.7	$P<0.05$
对照班级	女	36.2	36.5	0.3	$P>0.05$

从表5-2-4中可以看出，实验班级和对照班级女生的第一次仰卧起坐平均成绩差值为0.4个，T检验不具有显著性差异，而第二次两个班级的平均成绩差值为2.8个，比第一次多了2.4个，T检验具有显著性差异。

实验中利用各种练习加强了对实验班级学生的腰腹力量的练习，重视了核心稳定性力量的训练，因此实验班级成绩要优于对照班级。

表 5-2-4 实验班级和对照班级女生仰卧起坐成绩对照

（单位：个）

		X1	差值	P 值	X2	差值	P 值
女	实验班级	36.6	0.4	P>0.05	39.3	2.8	P<0.05
	对照班级	36.2			36.5		

（3）男生引体向上成绩统计分析

引体向上主要测试男生上肢和腰腹力量。教学设计中的练习对实验班级男生上肢和腰腹力量的影响如表 5-2-5 所示，其中，X1 代表第一次测试的平均成绩，X2 代表第二次测试的平均成绩。

通过表 5-2-5 可知，实验班级男生引体向上第一次平均成绩是 1.5 个，第二次平均成绩是 2.8 个，平均增长了 1.3 个，两次成绩的 T 检验结果显示具有显著性差异。对照班级女生第一次平均成绩是 1.4 个，第二次平均成绩是 1.7 个，平均增长了 0.3 个，两次成绩的 T 检验结果显示不具有显著性差异。

表 5-2-5 实验班级和对照班级男生引体向上成绩自我对照

（单位：个）

		X1	X2	差值	P 值
实验班级	男	1.5	2.8	1.3	P<0.05
对照班级	男	1.4	1.7	0.3	P>0.05

从表 5-2-6 中可以看出，实验班级和对照班级男生的第一次引体向上平均成绩差值为 0.1 个，T 检验不具有显著性差异，而第二次两个班级的平均成绩差值为 1.1 个，比第一次多了 1 个，T 检验则具有显著性差异。

表 5-2-6 实验班级和对照班级男生引体向上成绩对照

（单位：个）

		X1	差值	P 值	X2	差值	P 值
男	实验班级	1.5	0.1	P>0.05	2.8	1.1	P<0.05
	对照班级	1.4			1.7		

以上结果表明，实验班级和对照班级男生的上肢和腰腹力量都有了提高，但对照班级的成绩没有实验班级学生成绩提高多。男生的上肢和腰腹力量提高幅度大，主要是这段时期是学生力量提升时期，而教学实验中设置了许多关于上肢和腰腹力量的练习，对上肢和腰腹部肌肉的相关刺激较好地遵循了学生身体发育的规律，从而促进了上肢和腰腹力量的提高。

2. 速度指标成绩统计分析

50 米跑成绩统计分析介绍如下。

50 米跑主要是反映学生反应速度以及跑动速度，通过教学实验设计中的练习，实验班级和对照班级的 50 米跑成绩变化如表 5-2-7 所示。其中，X1 代表第一次测试的平均成绩，X2 代表第二次测试的平均成绩。

由表 5-2-7 可知，实验班级男生 50 米跑第一次平均成绩是 8″73，第二次平均成绩是 8″01，成绩平均提高了 0″72，前后两次成绩经过 T 检验具有显著性差异，对照班级男生第一次平均成绩是 8″45，第二次平均成绩是 8″33，成绩平均只提高了 0″12，而对照班级的男生两次成绩的 T 检验显示不具有显著性差异。

表 5-2-7 实验班级和对照班级 50 米跑成绩自我对照

（单位：秒）

		X1	X2	差值	P 值
实验班级	男	8. 73	8. 01	0. 72	P<0. 05
	女	8. 80	8. 43	0. 37	P>0. 05
对照班级	男	8. 45	8. 33	0. 12	P>0. 05
	女	8. 85	8. 95	0. 10	P>0. 05

实验班级女生 50 米跑第一次平均成绩是 8″80，第二次平均成绩是 8″43，成绩平均提高了 0″37，两次成绩的 T 检验结果显示，不具有显著性差异。对照班级女生第一次平均成绩是 8″85，第二次平均成绩是 8″95，平均下降了 0″10，两次成绩的 T 检验结果显示，不具有显著性差异。

由表 5-2-8 中可知，实验班级和对照班级男生的第一次 50 米跑平均成绩差值为负的0″28，T检验显示不具有显著性差异，而第二次两个班级的平均成绩的差值为0″32，比第一次提高了0″60，T检验结果具有显著性差异。

表 5-2-8 实验班级和对照班级50米跑成绩对照

（单位：秒）

		X1	差值	P值	X2	差值	P值
男	实验班级	8.73	0.28	P>0.05	8.01	0.32	P>0.05
	对照班级	8.45			8.33		
女	实验班级	8.80	0.05	P>0.05	8.43	0.53	P<0.05
	对照班级	8.85			8.95		

实验班级和对照班级女生的第一次50米跑平均成绩差值为0″05，T检验显示不具有显著性差异，而第二次两个班级的平均成绩差值为0″53，差值变化达到0″48，T检验结果显示差异性不显著。

从上述数据可以看出，对照班级的男生在第一次测试时，50米跑成绩好于实验班级，而第二次测试时，成绩不但落后于实验班级，而且自身的提高程度也低于实验班级。初一时期学生活泼好动，是速度发展的敏感时期，练习中通过发展学生频率和步长，利用各种长短距离跑、冲刺跑、加速跑等激发学生速度潜能，成绩提升比较快，对照班级男生的成绩也有提升，但是没有实验班级学生的总体提高幅度大，尤其是对照班级的女生50米跑测试成绩不但没有提升，反而出现了下降。可能是实验中对照班级学生练习强度小，积极性低，甚至有个别学生不参加跑步类别的练习。因此实验班级的成绩要优于对照班级。

3. 灵敏指标成绩统计分析

十字象限跳成绩统计分析具体介绍如下。

十字象限跳是反映学生灵敏素质的一项指标，练习中发展学生灵敏素质主要是结合速度练习来进行，主要内容包括：换位扶棒、钻低绳、头倒立、金鸡独立、霹雳王、背向高抬腿接转身加速跑等练习。其中，X1代表第一次测试的平均成绩，X2代表第二次测试的平均成绩。

由表5-2-9可知，实验班级男生十字象限跳第一次平均成绩是16″4，第二次平均成绩是 15″1，成绩平均提高了 1″3，前后两次成绩经过 T 检验具有显著性差异，对照班级男生第一次平均成绩是 16″6，第二次平均成绩是 16″3，成绩平均只提高了 0″30，而对照班级的男生两次成绩的 T 检验显示，不具有显著性差异。

表 5-2-9　实验班级和对照班级十字象限跳成绩自我对照

（单位：秒）

		X1	X2	差值	P 值
实验班级	男	16.4	15.1	1.3	P<0.05
	女	16.3	15.1	1.2	P>0.05
对照班级	男	16.6	16.3	0.3	P>0.05
	女	16.5	16.1	0.4	P>0.05

实验班级女生十字象限跳第一次平均成绩是 16″3，第二次平均成绩是 15″1，成绩平均提高了 1″2，两次成绩的 T 检验结果显示具有显著性差异。对照班级女生第一次平均成绩是 16″5，第二次平均成绩是 16″1，平均提高了 0″40，两次成绩的 T 检验结果显示，不具有显著性差异。

由表 5-2-10 可知，实验班级和对照班级男生的第一次十字象限跳平均成绩差值为 0.2，T 检验显示不具有显著性差异，而第二次两个班级的平均成绩的差值为 1″，比第一次提高了 0.8″，T 检验结果显示不具有显著性差异。实验班级和对照班级女生的第一次十字象限跳平均成绩差值为 0.3″，T 检验显示不具有显著性差异，而第二次两个班级的平均成绩差值为 1″，差值变化达到 0.7″，T 检验结果显示差异性不显著。

表 5-2-10　实验班级和对照班级十字象限跳成绩对照

（单位：秒）

		X1	差值	P 值	X2	差值	P 值
男	实验班级	16.4	0.2	P>0.05	15.1	1	P<0.05
	对照班级	16.6			16.1		

续表

		X1	差值	P 值	X2	差值	P 值
女	实验班级	16. 3	0. 3	P>0. 05	15. 1	1	P<0. 05
	对照班级	16. 5			16. 1		

通过以上两个对比可知，在教学实验中，实验班级和对照班级的学生成绩都有所提高，而经过专门灵敏练习的实验班级成绩提高幅度大于对照班级。

(五) 结论与建议

(1) 通过结果分析表明，实验班级的学生在力量、速度、灵敏等方面有了很大提高，而且与对照班级有了明显差别，身体素质的提高好于对照班级。因此，实验班级的每节课中加入 10~15 分钟身体素质练习效果要优于对照班级的常规体育教学的练习效果。

(2) 通过课堂观察学生的表现，学生对身体素质练习方式兴趣浓厚，参与趣味性练习的热情很高，练习中大都能积极主动参与，因此练习的质量比较好。练习中常用比赛法和游戏法，因此班级整体气氛很活跃，学生之间通过配合也加强了练习的热情。

(3) 体育教学中应该根据教学大纲增设身体素质练习课，或在体育课上加大身体素质练习的比例。这样可以保证学生提高运动素质，提高体育教学质量，使其具有应对突发人身伤害事件的身体基础。

(4) 身体素质练习要根据学生的身心发展特点，根据自身教学条件因人而异，因地制宜地进行，教学时要充分使用游戏法和比赛法调动学生的积极性。力量、灵敏、速度的练习内容要丰富多彩，以激发学生的练习兴趣。

(5) 教师要注重与学生之间的情感沟通，不仅要教授练习的项目与方法，而且要与学生交流遇到危险事情自我保护与处理危害事故的能力，提高学生的综合防卫能力，以达到课程的最终目的。

二、北京市 154 中学学生自我防卫能力教学实验报告

(一) 北京市 154 中学测试和教学实验场景（如图 5-2-1 所示）

图 5-2-1　北京市 154 中学的身体素质测试

(二) 研究目的及意义

调查结果表明，大部分学生意识到了自我保护的重要性，特别是在校女生渴望学习自我防卫技能，而且在学过自我防卫技能的女孩中，绝大部分也认为学习中小学生自我防卫技能十分有效。因为女中学生受到侵害是客观存在的事实，学生在中学时期学习中小学生自我防卫技能是非常必要

的，这将加强学生的自我保护意识。女孩自我防范中，重点学习的就是防范心怀不轨之徒，遇到突发状况后的自我保护。中小学生的防卫与成年人的防卫目标有一定的差异。所以说，中小学生防身从一开始就具有明确的抗暴防辱意识，经过短时间的思考，随机运用快、巧的手段达到自我保护的目的。

从生理学角度分析，自我防卫技能的特点是以小胜大、以巧制蛮，身体素质和活动能力方面与成年人有一定的差异。从生理的角度看，中小学生的力量平均比成年人小。另外，中小学生体格小、动作较为迟缓，若与成年人强硬对抗，显然要吃亏。因此，中小学学生应学习掌握机智灵活、以小胜大、以弱克强、以巧制蛮的战术，讲究“一招制敌”。因为中小学生的生理、力量、速度、耐力、反应等都不如成年人，就是要利用歹徒的无防范心理，进行突袭，使其暂时失去行动能力，从而逃脱。如果盲目进攻，只会令歹徒有所防范，令自己更加危险。女生防身能力普遍较差，当女生遇到暴力侵袭时，常受辱的部位多为面部、胸部、臀部及强行搂抱或按倒在地等，自我防卫首先要建立抗暴防辱意识，在与歹徒对峙过程中，只需经过短时的思索，即刻以快、准、巧的护体防身手段，达到遏制暴力侵袭的目的。

从心理学角度分析，中小学生在心理素质方面与成年人有一定的差异。一般而言，中小学生在面对突发情况时都缺乏拼搏冒险的心理素质。从行为表现来看，暴力发生时，常常是歹徒行恶在先，受辱防范在后。因而，克服胆怯脆弱心理，增强抗暴意识，由被动变主动防卫，在防卫中求反击，是自我防卫技能的重要策略之一。

（三）学生的学习效果

开设中小学生自我防卫技能这门课程，不仅能够使学生掌握一定的防身自卫的基本技能，具有良好的教学效果和社会效益，对学生的身体素质和心理素质也具有良好的促进作用。

1. 参加中小学生防卫技能学习对学生的心理健康改善具有积极的调节作用

在练习的过程中不断地获得成功体验、增加胆量，树立起自我保护的信心，有助于培养学生勇敢、顽强、临危不惧的意志品格，从而克服胆怯和畏惧的弱者心理，锻炼他们沉着、冷静、机智、勇敢等优秀的心理素质，同时对于突然出现的意外状况，可以尽快调整心态，做出准确的分析判断，有效地化解危机或者把伤害降到最低。这为他们将来步入错综复杂的社会，处理各种困难将起到积极的作用。

2. 对身体素质发展的作用

自我防卫技能对反应能力和速度素质有非常明显的促进作用。自我防卫技术属于一种散招，一般在突发情况时运用，所以动作突然、迅猛，故爆发力极大，技击特点极富特色。练习时通过各种步法和腿法的练习以维持身体的动态平衡，有利于促进下肢力量、腿部爆发力作用的提高。通过提高学生的体能水平有助于提高学生的效能感，即体格健壮与否（客观）是影响心理效能（主观）高低的重要因素。

3. 社会适应能力的作用

未来的社会是一个开放的、互助的社会，良好的社会交往能力对一个人来说极为重要。在交往中让别人了解你的能力，感受你的魅力，真实地展现自己。自我防卫技能训练需要两个人配合练习，课堂上必须要和同伴进行技能的切磋和交流，既有配合又有对打，在不断地练习中技术得以进步。学生在练习时既有语言的交流也有技术的交流，技术好的学生还可以为大家做示范，这有利于培养学生的语言表达能力和大方得体的行为举止，使他们逐渐变得开朗、大方、自信，对所面临的任何事情都能充满信心。

4. 竞争能力

竞争能力是每个大学生进入社会前必备的能力。随着社会的进步、经济的发展，社会上的竞争会越来越激烈，培养他们的竞争意识非常重要。两个人在对练过程中是“攻”与“防”的练习，本身就是竞争的关系，“组”与“组”之间又有一个竞争的关系。每个学生都希望自己练得比别人好，通过情景模拟，以小组竞赛的方式展开训练，不但能够增强学生的竞争意识，而且能够提高学生的学习积极性。

5. 抗挫折能力

在中小学生自我防卫技能训练中，成功与失败是会经常出现的。要想从失败走向胜利，只有坚定信念，吃苦耐劳，化不利因素为前进的动力，克服生理负担和心理障碍才能达到目标。这是一个磨炼人的意志的过程，为培养人在社会中遭受挫折和困难时勇于克服困难、承受挫折的品质提供了良好的机会。

（四）中小学生自我防卫技能的教与学

1. 学生的学习态度

教学方法采用更多的模拟场景、角色扮演及案例分析等有学生直接参与的实践活动教学，以增加学生的学习和体验过程。学生对学习自我防卫技能有浓厚的学习兴趣，在整个学习过程中参与热情高，由此更进一步激发了学生的学习兴趣。

2. 教师教授的体会

中小学生自我防卫技能课程未列入教学大纲，缺少专门教材、专职教员，开课难度较大。中小学生自我控制能力差，他们的自觉性及安全意识并不是很强，很容易出现打闹或者不认真练习的现象。特别是在模拟对练过程中，教师一定要特别注意正确的引导：首先，教师在课上练习时，并没有提出明确的要求以及所需要注意的安全事项；其次，通过正确的示范演示让学生明白自我防卫技能是攻防含义，教育同学们自我防身和保护他人的目的，防止发生学生打闹事件，切勿因为教师的大意造成学生不必要的意外伤害。

自我防卫技能课程学习首先要让学生掌握生理与心理的必要知识，了解人体的最脆弱的生理区域，其次要掌握运用适合自身特点的打击技巧，以最快的进攻速度获得最大的进攻效果，对暴力犯罪行为人造成足以令其丧失进攻能力的伤害。赢取自救时间，伺机逃脱，同时还应做好准确处理自身随时可能出现的损伤情况。

在教材上，可将各种环境下的危机处理情形拍摄成影像，编成互动的学习个案，使同学们在学习中不断思考、讨论和分享应对解决问题的方法，这样的教学形式更容易激发学生的兴趣和积极性，能更有效地提升学生生命安全教育的知识和危机处理的能力。

体育教师教育理念的更新和设计能力有所提升，教学过程实行以教师为主导、学生为主体的双边活动，中小学生自我防卫技能的教学方法必须从传统的注入式再现教学转化为启发式、诱导式的教学。不同的教学目的，与其相对应的教学模式、教学方法、练习手段都应有所区别，不可只局限在固有的模式上，在教学实践中应给学生提供独立创造思维的空间，学生尝试“自学自练”、自主评价，同伴之间“互助学习、相互评价”等。这样做不仅能使学生强烈地感受到自己是学习的主体，获得展示自我表现的能力，而且有助于提高他们学习的积极性，充分体现教学方法运用的多样性。

（五）教学内容的推广价值

在中小学开设自我防卫技能选项课程具有可行性，近两年来，统计数字显示，不断增长的恶性事件使得学校对女孩的自我保护教育意识增强。小到在公交车上被人抓一把，大到受到性侵害，都有可能发生。学生的心智不成熟，如果不妥当处理，将对其日后身心带来极大的伤害。在很多俱乐部都有教授中小学生防身的课程，女孩们可以自动报名参加。生命安全教育走进我国的中学课堂不是一件新鲜事，学会“自我防卫”是一种基本技能，就如同说话、识字一样，每位学生都应该掌握。

目前学生的生活环境比较单一，接触社会少，安全防范意识淡薄，往往在身陷危险时缺乏预先判断能力，通过学习生命安全教育知识和自我防卫技能，提高中小学生的安全防范意识，利用客观环境中的优势积极应对，阻止不利事件的发生，或将已发生的不利事件的危害程度降到最低限度。

在中小学生体育课程中开展自我防卫技能的教学，要结合本校实际开展，借鉴其他运动项目教学中所取得的成功经验，以学校的具体情况与特点为着眼点，对教学内容、教学方法、教学评价等进行大胆改革，探索自编教材和创编教法，以顺应教育改革的潮流。

作为校本课程以体育拓展课的形式在学校中开展，普及生命安全教育，让学生掌握自我防卫技能，在身处危急时刻能够自救和逃生；设计整合教学资源，将自我防卫技能的教学和武术教学相结合，通过武术教学中的攻防含义渗透自我防卫技能，丰富武术教学的内容，提高武术学习的实践意义，让学生们了解如何在遭受攻击之前做出正确的防卫判断，以便及时脱身。再者，既可以防患于未然，又能加强身体锻炼。

第六章　中小学应对突发人身伤害事件的生命安全教育内容

第一节　生命安全教育常识课

第一次课　引导课

教学重点

主动分享知识

介绍课的程序

应对犯罪突发事件的三个基本因素

教学目标

学生们通过教学能够做到：

（1）完成主动分享知识的任务，并且在活动结束时能够讨论答案。

（2）认识到应对犯罪突发事件的三个基本因素：欲望、能力和机会。

教学设备和工具

体育馆或健身房；

课堂上发给学生的文本。

（1）自我防卫调查问卷。

（2）预防犯罪知识。

第一部分　主动分享知识

这项活动能够帮助学生立即与主题相联系，教师同时也能够用它来评估学生的知识水平，另外它能够促进团队合作、知识共享和即时学习。

程序

(1) 组合一些与自我防卫相关的问题。下面列出几个关于自我防卫潜在的问题和回答。

如果遭遇突然的身体伤害，你反击对方身体的哪两个部位?

回答：眼睛和腹股沟是最薄弱的环节，攻击这两个部位会给对手造成重大伤害。

如果你接到下流的电话，你的第一反应是什么?

回答：挂断电话是第一道防线。

在外出单独购物时感觉到被跟踪，你将怎么应对?

回答：走进商店告诉店员你被跟踪。

你首先要做什么? 是和疑似攻击者的人说话还是抵抗?

回答：如果身体伤害即将发生，你必须尽最大努力进行阻止。否则，你可以通过保持冷静或与疑似攻击者说话来化解危险。你的愤怒会使危险升级。只要对你来说是安全的就要抵抗，如果抵抗是危险的就要停止。

你需要带武器吗? 武器实用吗?

回答：通常，你不需要依赖武器，因为武器并不实用。武器不总是有用的，它们很容易被抢走并用来对付你。

如果你被袭击你会大声喊叫吗?

回答：喊叫在某种情况下会对你有帮助，特别是在你周围有人能听到时。否则，在一些情形下不能喊叫，如你已被攻击者控制，大声喊叫会导致你的身体受到伤害，攻击者会打你来阻止喊叫。

当你一天都要离开家时，你如何防范犯罪分子进入?

回答：锁上所有的门，开着一盏灯，放着收音机，正常接收邮件。

大多数受害者能认出强奸犯吗?

回答：是的。大约73%的受害妇女能认出强奸犯。

如果你乘坐公共交通工具，什么方法可以保证自身安全?

回答：等公共汽车或轻轨时车站的照明好。如果可能，和其他人一起在附近的车站等。尽量往前靠近司机坐。留意和你一起下车的人，肯定你没有被跟踪到家。

(2) 小班教学：要求学生们在室内走动并在一起研究问题。鼓励学生们根据自己的经验来讨论问题。

大班教学：一个班分成4~5个组，将问题分到每个组。每组的同学都要参与思考问题，然后以组为单位来回答问题。

（3）当活动结束时，同学们阅读每个问题并获得整个班级认同的正确答案，在课堂上要倾听并允许各种观点的表达。

（4）对于每一个问题都给予反馈，并记录班级解决问题的方法。

（5）强调积极合作的团队技能是课程顺利进行的必要条件。

第二部分 组织讨论

组织班级讨论犯罪发生所包含的因素，应用下面的信息帮助班级讨论。

教师资源

可能的犯罪转化成犯罪的实施需要三个因素：欲望、能力和机会。虽然学生不能控制个体犯罪的动机和能力，但如果他们机敏，并遵循简单的预防犯罪的规则，他们就能有效地降低犯罪发生的概率。

详细地讨论每一个题目并分发卡片（预防犯罪小常识）。

自我防卫能力调查问卷

（1）如果遭遇突然的身体伤害，你反击对方身体的哪两个部位？

（2）如果你接到下流的电话，你的第一反应是什么？

（3）在外出单独购物时感觉到被跟踪，你将怎么应对？

（4）你首先要做什么？是和疑似攻击者的人说话还是抵抗？

（5）你需要带武器吗？武器实用吗？

(6) 如果你被袭击你会大声喊叫吗?

(7) 当你一天都要离开家时，你如何防范犯罪分子进入?

(8) 大多数受害者能认出强奸犯吗?

(9) 如果你乘坐公共交通工具，什么方法可以保证自身安全?

第二次课　预防犯罪小知识课

在突发事件中，电话“110”

犯罪的发生呈现三种因素：欲望、能力和机会。虽然人们可能没有能力改变个体的欲望和犯罪动机，但他们有能力遵循简单的预防犯罪的法则来降低个体犯罪的机会。

当人们养成良好的习惯消除犯罪的机会，就有可能预防犯罪的发生。

在家中

◆ 在开门之前通过门镜观察一下。

◆ 在离开前保证房子安全。除非适用，否则世界上最好的锁都是无用的。

◆ 不要在坐垫下、门后面或花盆中藏房子的钥匙。

◆ 打开室内外的灯以此阻止不速之客的进入。

◆ 手中拿好房门钥匙以便以最快的速度进家。

◆ 向警察报告邻居中的可疑人员。

◆ 在所有的财产上做好可辨认的标记。许多小偷不偷有标记的财产。

◆ 如果你知道有谁在独居，记得提醒他们不要在电话本上留下地址。

◆ 在允许销售或修理人员进入之前需要辨别他们的身份，特别是在你并不需要这些服务的时候。

◆ 在晚上外出或睡觉时打开浴室的灯，能够阻止夜贼进入。

走路

★ 提前计划好路线，不要一人独自走夜路，带个小狗或者和朋友一起走。

★ 晚上在照明好的路上行走，不要在很黑的巷子里或灌木丛地带行走。

★ 携带尖叫报警器、哨子等信号设备以防袭击。

★ 警惕！经常观察一下周围的环境。

★ 不要搭乘陌生人的车，也不要搭载陌生人。

★ 避免展示或携带大量现金。

★ 避免在众人面前炫耀或佩戴昂贵的珠宝。

★ 不要抵抗携带武器的抢劫者，把他想要的东西尽快交给他，你的生命比财产更重要。

背包保护

● 确信所有的钱包拉好拉锁并且安全。

● 在上衣和裤袋中装好钥匙、钱包和其他有用的物品。

● 携带较少的现金和信用卡。记录信用卡的卡号放在家里安全的地方，以免卡丢失或被偷。

● 时刻记住你的背包在哪儿。

钱包保护

◆ 如果有可能，不要带钱包。

◆ 把钱包放在身前，用上臂挎住并且肘部夹紧钱包。

◆ 在上衣和裤袋中装好钥匙、钱包和其他有用的物品。

◆ 携带较少的现金和信用卡。为防范信用卡丢失或被偷，需要记录信用卡的卡号并放在家里安全的地方。

◆ 携带背包，如果可能在背包外穿件衣服。

◆ 手握钱包时不要太松，否则就为贼偷钱包提供了便利。

◆ 钱包中不放贵重的物品。如果装有贵重物品的钱包被抢夺，你可能就会硬拼，最好是放弃钱包而不是硬拼。

开车

● 通常在拉开车门上车之前看看车内的情况。

● 在启动车之前确保所有的车门都锁好。

● 不要搭载搭顺风车旅行的人。

● 在车内安装一个行李释放按钮。

● 在安装汽车音响系统之前先刻上司机驾驶执照的号码。

● 当陌生人走近你的车时，确保窗户是关着的，门是锁着的，引擎是开着的。

● 随身携带车钥匙。

● 使用你的车库。

● 下车时锁好所有的车门。

● 锁好车轮锁以保护车胎和车圈。

- 考虑使用好的夜间报警系统。
- 运用气帽锁或反虹吸式屏。
- 记住晚上把车停在照明条件好的地方。
- 不要把贵重物品落在车上。如果遭遇袭击立即通知警察，请求目击者和你待在一起直到警察过来。

第三次课　初步激发兴趣辨别犯罪的途径

教学重点

以一些重要的自我防卫主题为重点，培养学生的创新能力，从而介绍自我防卫单元。

教学目标

学生们能够识别有机会犯罪的途径。

教学设备和工具

体育馆。

游戏开始

程序

(1) 告诉学生在认真学习主题内容之前你想和他们一起做个有趣的开放性游戏。

(2) 将班内同学分成几个组，要求他们研讨一系列最有效的方式：

a. 偷背包；

b. 在停车密集的地方偷汽车；

c. 从家里偷自行车；

d. 从背包中偷出钱包。

努力使学生对所讲主题产生兴趣。

(3) 邀请各组同学展示他们研讨出各种犯罪的方法。

(4) 提问学生从这个练习的主题中学会了什么，什么样的机会发生犯罪的可能性较高？

第四次课　设计校园安全的广告活动

教学重点

充分发挥学生的创造性才能来设计校园安全的广告活动。

教学目标

（1）发挥学生的创造性才能来设计校园安全的广告活动。

（2）辨认出学校中有可能发生犯罪的地方。

（3）确定在学校中减少犯罪的方法。

教学设备和工具

体育馆；

广告纸张；

图片制作者。

教学指导

（1）将班级划分成不超过 5 组。

（2）要求每组设计一份校园安全的宣传活动。

（3）首先小组讨论众多学校安全问题，然后选择一个问题来完成此项工作。

（4）广告活动要求有标语和可视化的运用。

（5）开始活动之前，各组一起讨论一些著名的安全运动的特点（如思莫基熊）。

（6）要求各小组分别展示他们的安全运动并在教室中张贴。

第五次课　家庭安全记笔记活动

教学重点

教授学生如何保护家庭及周围环境的安全。在讲课期间要求学生在关于家庭安全教育的问卷中认定确保家庭安全的关键性因素。

教学目标

学生们需要做以下的事情：

（1）掌握保护家庭及周围环境安全的方法。

（2）确定保护家庭安全的关键因素。

教学设备和工具

体育馆；

问卷——家庭安全；

高射投影仪；

铅笔。

第一部分

和学生们一起讨论你所在地区的犯罪统计情况。犯罪统计的数据可以从互联网上搜索，数据由你所在的地区政府提供或司法部门的犯罪报告。注意入室盗窃和偷车是两种最频繁的犯罪，应用这些统计数据来说明接下来要做的就是保护家庭安全的活动。

第二部分

程序

（1）把家庭教育的问卷发给学生。把问卷作为讲解家庭安全教育的提纲，学生们可以边听课边填写问卷中的内容。

（2）用投影仪演示各种门锁。

（3）讨论每个锁的利弊。

（4）用投影仪演示保护大门安全的方法。

（5）讨论保护大门的各种方法和价格区间。

（6）讨论各种报警系统。

（7）讨论监视器的使用。

（8）讨论屋外的安全措施，包括照明与地形。

家庭安全
问卷和讲课提纲

（1）锁上插销比其他的锁保护性更强，且更能有效防止夜间入室盗窃。

（2）锁上的缺点是必须用钥匙打开锁。例如，如果着火了，需要立即用钥匙打开锁。

（3）在窗户上粘贴报警系统装置商标，警示房屋已经安装了报警系统，以打消窃贼想入室盗窃的念头。

（4）用家庭自制或购买门窗插销等比较经济的方法来加强房门的安全。比如，砍削一块合适的木头楔入房门与墙之间作为门的插销，可以把木头做成直的或有角度的。

（5）在滑动门的轨道上放置木片或金属以保障安全。

（6）用钉子或金属插销确保门窗的安全。然而，在整个结构中还要钻洞以便万一发生火灾能够拉开插销或拔出钉子。

（7）离地面近的窗户要安装防护栏，但如果发生火灾，防护栏就会成为撤离的障碍，所以，在窗户内要安装安全出口。

（8）如果家中有小孩不要用防护栏。

（9）确保车库两侧门的安全，保证门内安全。

（10）记住犯罪发生的三个因素：欲望、能力和动机。

（11）夜贼需要进入和逃跑的机会。

（12）栅栏和篱笆能减慢夜贼的逃跑速度。

（13）入侵者喜欢隐藏，如果修剪窗户周围的灌木丛，入侵者将无处躲藏。

当你外出时

（14）当你夜间不在家或者睡觉时亮着浴室的灯是最好的。浴室的灯在夜晚亮着意味着有人在家而且醒着。

（15）当不在家时开着收音机或者电视，入侵者就会认为有人在家。

当你不在时入侵者进入了怎么办

（16）如果你回家发现有人闯入了房屋，你不要进去。

（17）可以用朋友的电话报警，在警察来之前，不要碰房屋内和周围的东西。

如果你在家里时入侵者进入怎么办

（18）发出声响、打开灯使入侵者意识到屋内有人。

（19）如果入侵者没有离开，要离开家到安全的地方。

报警系统

（20）好的报警系统有噪声和灯光惊吓入侵者。

（21）最好的报警系统之一是狗。看门狗看家的方式是防止入侵者入侵，同时对来访者造成威胁，有许多模仿狗的报警模型，包括动作、声音和振动感应。

（22）房主人或者专业人员可以安装报警系统，咨询当地警察关于如何避免错误报警的建议。

用电话报警

（23）不要通过电话泄露个人信息，不要让陌生人使用家里电话。

（24）不要在电话簿中留下家庭地址。

走路

（25）经常在有亮光的地方走路。

（26）避开交通拥堵的地方行走。

家庭安全

在课堂讲授的过程中填空。

（1）____________比其他的锁保护性更强，且更能有效防止夜间入室盗窃。

（2）锁的缺点是你需要____________________。

（3）窗户____________________警示房屋已经安装了报警系统，以打消窃贼想入室盗窃的念头。

(4) 用____________等比较经济的方法使房门更加安全。

(5) 通过在轨道上放置木片或金属来保障__________的安全。

(6) 用________或________确保门窗的安全。

(7) 防护栏能够保证离地面近的窗户的安全性，但它阻碍了________。

(8) 如果你有____________，不要安装防护栏。

(9) 确保车库两侧门的安全，保证________安全。

(10) 记住犯罪发生的三个因素：________、________和________。

(11) 夜贼需要进入的机会和____________。

(12) 栅栏和____________能减慢夜贼的逃跑速度。

(13) 入侵者喜欢隐藏，如果修剪窗户周围的________，入侵者将无处躲藏。

当你外出时

(14) 当你夜间不在家或者睡觉时亮着__________灯是最好的。

(15) 当不在家时__________或者__________，以迷惑潜在的入侵者。

当你不在时入侵者进入了怎么办

(16) 如果你回家发现有人闯入了房屋，不要____________。

(17) 报警之后，在警察来之前，不要______________。

如果你在家里时入侵者进入怎么办

(18) __________打开灯使入侵者意识到屋内有人。

(19) 如果入侵者没有离开，__________并且__________。

报警系统

(20) 好的报警系统有________和__________惊吓入侵者。

(21) 最好的报警系统之一是__________。

(22) 房主人或者专业人员可以安装报警系统，咨询当地________关于如何避免错误报警的建议。

用电话报警

(23) 不要通过电话泄露个人信息。不要让________使用家里电话。

(24) 不要在电话簿中________________。

走路

(25) 经常在________________的地方走路。

(26) 避开________________地方行走。

第六次课　从房屋火灾中逃生

教学重点

学生们能够了解其所住房屋的逃生路线，学习在万一发生火灾的情况下自我保护的方法。发给学生安全检查单带给父母或监护人以检查房屋是否在防火方面安全。

教学目标

学生们能够做以下的事情：

（1）了解从房屋火灾中逃生的关键步骤。

（2）能够设计至少两条房间出口路线。

（3）与父母或监护人一起按照安全检查单查看房屋防火是否安全。

教学设备和工具

问卷——你的家安全防火吗？

高射投影仪。

铅笔和纸。

第一部分

教会学生逃离家中火灾的基本方法，通过讲课或讨论的形式介绍 8 个基本步骤，运用本部分所提供的信息进行讲授。

第二部分

要求学生画一幅房屋地面方位图。学生针对每个房间设计两条离开路线；首先是从房门离开房间。在课堂上讨论房间地面方位图，并且要求学生和父母或者监护人一起分享，用下面所提供的信息作为讲座的基础。

教师资源

安全防火

（1）迅速向外跑。不要躲藏或花费时间去拿东西。

（2）发生火灾时会发出巨大声响，高热并伴有浓烟。房间和过道很快变得黑暗，你必须有逃跑计划。一个好的逃离计划从每个房间出来有两条线路。如果一条线路被大火封住，就走另一条路线。

（3）当逃离时，身体尽量降低重心，离地面越近越好。火灾时浓烟向上，最安全的空气接近地面。

（4）在开门之前先感觉一下门的温度。先摸门的底部，然后逐步向上。如果门很烫意味着门的另一侧也着火了，尝试另外的逃离路线。

（5）如果你家里的窗户有安全护栏，家庭的每个成员都要知道如何打开护栏。

（6）你跑出来之后，选择一个安全、醒目的地方，等待其他家庭成员聚集。

（7）一旦你跑了出来，立即拨打“119”。

（8）无论发生任何事都要远离着火的房屋，千万不要回去取任何东西。

第三部分

发给学生安全防火的问卷，回家后和父母或者监护人一起填写，下次课带回。

安全防火

（1）迅速向外跑。

（2）有逃跑计划。

（3）身体离地面近。

（4）检查房门是否热。

（5）了解如何打开防护栏。

（6）安全见面地点。

（7）打“119”。

（8）不要回去取任何东西。

你的家防火安全吗？

要求：与父母或监护人一起完成下表，然后将表格上交班级。

姓名____________ 日期____________

母/监护人签名____________

请在“是”或“否”处画圈。

(1) 你家住宅每层楼都有烟雾和火灾报警器吗?	是	否
(2) 你家住宅每层楼都配有灭火器吗?	是	否
(3) 你家私家车库配有灭火器吗?	是	否
(4) 家里配有一氧化碳报警器吗?	是	否
(5) 家里每月检查烟雾和火灾报警器的电池状况吗?	是	否
(6) 是否在一个插座上同时使用两个或多个插头?	是	否
(7) 插座上都没有插着悬空的电线吗?	是	否
(8) 家用电器的电线是否有老化破损现象?	是	否
(9) 是否有电线铺在地毯下或钉在地板或墙上?	是	否
(10) 家中明火的使用是否安全? (比如,壁炉是否安装隔离屏,蜡烛是否有烛台?)	是	否
(11) 火柴和打火机是否远离儿童?	是	否
(12) 易燃液体是否保存在密闭容器内?	是	否
(13) 储气罐是否全部存放在屋外?	是	否
(14) 报纸和油渍衣物是否得到妥善处理?	是	否
(15) 厨房中如防烫垫套、毛巾等易燃物品是否远离炉灶?	是	否
(16) 若仍有食物在炉上煎炸烹煮,你会离开厨房吗?	是	否
(17) 厨房里配有灭火器吗?	是	否

第七次课　网络安全

教学重点

学生将学习一些防止网络入侵的简单方法，以及此类问题反复出现时的应对方法。课堂讲解完成后，发给学生一个讲义。讲义上总结本课要点，但是关键信息设空，并要求学生填空，然后全班讨论正确答案。

教学目标

学生将学会：

(1) 了解阻止网络入侵的关键步骤。

(2) 在课堂上讲解自己掌握的相关知识。

(3) 参与有关网络入侵与网络安全的讨论。

教学设备和工具

- 教室或体育馆；
- 投影仪；
- 讲义：网络安全问卷；
- 铅笔。

第一步

设计一个讲义，总结计算机安全重点知识的讲义不要提供完整信息，将一些重点知识设成空，要求学生填写。完成课堂知识讲解后，要求学生填写这些讲义。

第二步

参考以下内容，设计一个关于计算机安全的课堂讲解内容。

保证网络安全

使用计算机前，每个人都应该了解以下预防措施。尽管，计算机的优点数不胜数，但是计算机使用者必须警惕网络诈骗高手、计算机病毒、垃圾邮件以及对儿童不利的网络内容，一些预防措施可以保护学生远离这些不必要的危险。

微软公司提出以下建议

保护计算机安全

使用网络防火墙。

确保计算机的操作系统和软件为最新版本。

安装杀毒软件并定期升级。

远离垃圾邮件

使用电子邮件过滤器（filtering tools）。

将垃圾邮件发送者（spammer）上报给你的电子邮件服务商。

向他人提供你的个人邮箱号码时要提高警惕，绝不回复垃圾邮件。

警惕网络诈骗

绝不向你不信任的网站提供个人信息。

绝不泄露你的密码。

只在安全网站使用你的信用卡号，绝不以电子邮件或即时信息的方式发送信用卡信息，使用计算机浏览器上的隐私和安全设置。

其他内容

如果电子邮件的附件是程序软件（文件名是 exe.），千万不要打开。

如果你不认识邮件发送者，不要打开该邮件。

从网络上下载程序和文件前一定要进行杀毒扫描。下载文件时一定要谨慎选择。

第三步

课堂讲解部分结束后，向学生发放讲义（见后面网络安全问卷）。向学生说明，部分关键信息没有提供，需要学生自己填空。

第四步

学生完成填空后，小组讨论正确答案。

网络安全答题纸（教师）

保护自己安全

使用网络防火墙。

确保自己的操作系统和软件为最新版本。

安装杀毒软件并定期升级。

远离垃圾邮件

使用电子邮件过滤器。

将垃圾邮件发送者上报给你的电子邮件服务商。

向他人提供你的个人邮箱号码时要提高警惕，绝不回复垃圾邮件。

警惕网络诈骗

绝不向你不信任的网站提供个人信息。

绝不泄露你的密码。

只在安全网站使用你的信用卡号，绝不以电子邮件或即时信息的方式发送信用卡信息，使用计算机浏览器上的隐私和安全设置。

网络安全问卷（学生讲义）

在以下空白处填上正确答案，答案可从答案列表中选择。

保护计算机安全

（1）使用网络____________________。

（2）确保你的操作系统和软件为____________________。

（3）安装____________软件并定期升级。

远离垃圾邮件

（1）使用电子邮件________________。

（2）将________________上报给你的电子邮件服务商。

（3）向他人提供你的个人____________时要提高警惕，绝不回复垃圾邮件。

警惕网络诈骗

（1）绝不向你____________网站提供个人信息。

（2）绝不泄露你的__________。

（3）只在安全网站使用你的信用卡号。绝不以__________或__________的方式发送信用卡信息。使用计算机浏览器上的隐私和__________设置。

答案选项：

最新版本　密码　过滤器　垃圾邮件发送者　不信任的　杀毒　防火墙　邮箱号码　电子邮件　即时信息　安全

第八次课　化解潜在冲突

教学重点

学生每天都会遇到一些可能会转化为危险冲突的情形。向学生展示一些情形是如何转化成冲突的，要求学生分角色模拟练习化解潜在冲突的方法。

教学目标

学生将学会：

（1）了解哪些说话的方式和肢体语言可能会使情形恶化。

（2）分角色模拟演示化解潜在冲突的方法。

教学设备和工具

（1）体育馆；

（2）座椅；

（3）讲义：化解冲突任务单；

（4）铅笔。

第一步　冲突恶化

每次不愉快的遭遇都有可能得到化解或是进一步恶化。今天这节课我们将通过口头或肢体语言的方式，演示这些情形是如何逐步化解或发展恶化的。

当事双方如果采用威胁性姿势和语言，或忽视对方，或恶语相向，大声叫嚷，侵犯对方空间或者讲脏话，就会使情形进一步恶化。

课堂开始时，先向学生展示他们可能会遇到的各种不愉快遭遇。通过口头或肢体语言使这些情形恶化，讨论这些情形是如何恶化的及其恶化原因。

情景模拟

以下是一些案例。教师可以通过这些案例，向学生演示口头语言和肢体语言是如何使情形恶化的。教师要按任务单提示的相反行为来演示。

（1）学生向老师抱怨给他（她）的成绩不合理。

（2）老师对学生的课堂表现进行批评教育。

第二步　化解冲突

向学生发放任务单，要求学生模拟三个情景。向学生说明模拟的各个步骤，将学生分为三人一组。每个模拟情景有一个制造冲突者，一个化解冲突者和一个记录者。要求每组学生模拟全部三个情景，分别扮演每个角色。模拟结束后，每位学生都要上交任务单。提前完成模拟任务的小组可以练习之前学到的方法，直到全班结束模拟。最后，全班一起复习化解冲突的要点。

化解冲突任务单（1）

化解冲突者＿＿＿＿＿＿＿＿＿＿

制造冲突者＿＿＿＿＿＿＿＿＿＿

记录者＿＿＿＿＿＿＿＿＿＿＿＿

三人一组。轮流扮演化解冲突者、制造冲突者和记录者。活动结束时，每人都要扮演完所有角色。化解冲突者和制造冲突者进行情景模拟时，记录者要观察并记录化解冲突者的口头和肢体语言。

因座位引起的冲突

制造冲突者坐在椅子上。化解冲突者走向他，提出要坐在这里。制造冲突者拒绝让座。化解冲突者要么说对方让出座位，要么用一个合理的方法来解决这个问题。

模拟结束时，和小组成员一起练习之前学到的化解冲突的方法。

化解冲突者的口头和肢体语言	是	否
保持眼神接触		
中立客观的面部表情		
姿态端正、主动且冷静		
态度坚定		

保持两臂距离		
讲话清晰、语调平和		
保持倾听		
表示理解对方心情		
沟通清晰顺畅		
没有为难或用语言攻击对方		

化解冲突任务单（2）

化解冲突者____________________

制造冲突者____________________

记录者______________________

三人一组。轮流扮演化解冲突者、制造冲突者和记录者。活动结束时，每人都要扮演完所有角色。化解冲突者和制造冲突者进行情景模拟时，记录者要观察并记录化解冲突者的口头语言和肢体语言。

在走廊上相撞

化解冲突者假装在走廊处行走。制造冲突者撞上了化解冲突者，并冲化解冲突者喊“当心”——化解冲突者已被制造冲突者撞到，由他来演示如何化解走廊中相撞的情形。

模拟结束时，和小组成员一起练习之前学到的化解冲突的方法。

化解冲突者的口头和肢体语言	是	否
保持眼神接触		
中立客观的面部表情		
姿态端正、主动且冷静		

态度坚定		
保持两臂距离		
讲话清晰、语调平和		
保持倾听		
表示理解对方心情		
沟通清晰顺畅		
没有为难或用语言攻击对方		

化解冲突任务单（3）

化解冲突者____________________

制造冲突者____________________

记录者________________________

三人一组。轮流扮演化解冲突者、制造冲突者和记录者。活动结束时，每人都要扮演完所有角色。化解冲突者和制造冲突者进行情景模拟时，记录者要观察并记录化解冲突者的口头和肢体语言。

丢失钢笔

化解冲突者认为他的钢笔被同学拿走了，化解冲突者遇到了冲突制造者，冲突制造者拿走了钢笔并且不想归还。

模拟结束时，和小组成员一起练习之前学到的化解冲突的方法。

化解冲突者的口头和肢体语言	是	否
保持眼神接触		
中立客观的面部表情		

姿态端正、主动且冷静		
态度坚定		
保持两臂距离		
讲话清晰、语调平和		
保持倾听		
表示理解对方心情		
沟通清晰顺畅		
没有为难或用语言攻击对方		

第九次课　攻击部位

教学重点

学生将学习个人防身术的攻击部位，要求学生在纸上画出自己身体各部分的轮廓，贴在墙上，找出身体的薄弱点。

教学目标

学生将学会：

（1）和同伴一起画出身体各部分轮廓。

（2）在身体解剖图上找出身体薄弱点。

（3）演示如何用手脚直接攻击这些部位。

教学设备和工具

◆ 为每位学生或小组准备一张 1 米×2 米的白纸。

◆ 铅笔或马克笔。

◆ 粘胶带。

◆ 讲义：攻击部位。

◆ 人体解剖图（视情况而定）。

第一步

根据以下内容备课。

下面的人体部位表（Tedeschi2003）展示了防身术中的攻击部位。伤害这些薄弱部位会使血管、神经、骨骼、肌肉组织和关节产生剧痛。伤害的程度与攻击的力度、角度、方法、攻击技巧和进攻者体质状况有关。在武术中，人体攻击点多达 108 个，但是，自卫防身的攻击部位要少很多。自卫防身时，你的主要目标是不让进攻者靠近自己或阻挡他的视线。

头部

◆ 眼睛：攻击眼睛可造成角膜擦伤、视网膜脱落、眼球破裂或眼窝骨折。

◆ 鼻子：鼻侧是鼻子结构最脆弱的地方，因此侧面击打的伤害最大，不过，正面击打同样有效，且会引发剧痛。攻击鼻子会使对方眼睛流泪，暂时看不清楚。

◆ 下巴：和鼻子一样，攻击下巴两侧造成的伤害最大。力量够大时，会使太阳穴和下颌骨关节处骨折。

◆ 脖子：击打脖子会直接伤害主动脉、颈动脉和颈静脉。掐住脖子，勒住这些血管会阻止大脑血液供给，造成意识丧失，甚至死亡。打击脖子侧面会伤害神经，使颈椎错位，这些会对运动功能造成伤害。打击喉部和气管，可阻塞气管，引起咽喉出血，导致死亡。

肩部

锁骨：向下打击可轻易造成锁骨骨折，但这种伤害不会阻止进攻者，因此，攻击锁骨不应该是自卫防身的首选。

躯干

◆ 胃后方太阳神经丛：太阳神经丛是位于胸骨后的神经网络，攻击这个部位会影响呼吸，用力击打胸骨会损害心脏。

◆ 生殖器：攻击这个部位会引起剧痛，通常不会很快缓解。

手部

手指：扭伤或折断手指会很痛，可帮助被攻击者挣脱攻击者。

腿部和脚

◆ 膝盖：膝盖是腿部最脆弱的地方，任何角度都可以使膝盖受到伤害。膝盖受伤将无法行动。膝盖骨可以侧移，随意水平或45度角攻击很有效。

◆ 脚趾：被攻击者可以轻易踩踏并折断进攻者的脚趾。

第二步

将学生分为四人一组。每组选一位同学躺在准备好的白纸上。其他人在纸上画出他的轮廓。画完后，学生要在所画的轮廓上指出攻击部位，包括眼睛、下巴、鼻子、锁骨、气管、喉、胸骨、太阳神经丛、生殖器、膝盖、脚趾和手指。学生在图上标出这些部位，然后贴在墙上。

第三步

对着墙上图画，演示表中所示的攻击技巧。学生归队，在各组图画上练习每种方法。

第四步

要求每组学生再分为两两一组。每位学生和同伴一起慢慢地仔细练习每个技巧，千万提醒学生要小心，不要用力。

攻击部位

目标	技巧
眼睛	用手指或拇指击打
下巴	掌根向上击打，挥拳反复击打，用肘部击打
鼻子	掌根击打，手背击打，挥拳反复击打，用肘部击打
气管	用手指击打，挥拳反复击打，手背击打，用肘部击打
喉	用手指击打，挥拳反复击打，手背击打，用肘部击打
胸骨	挥拳反复击打，用肘部击打
太阳神经丛	挥拳反复击打，用肘部击打
生殖器	从前面踢，从后面踢，挥拳反复击打
膝盖	从前面踢，从后面踢，从侧面踢
脚趾	跺脚踩踏
手指	抓，掰，拧

第十次课　自卫防身情景模拟

教学重点

学生将在几个自卫防身情景模拟中运用之前所学过的新技能，学生必须化解这些情景或使用正确的身体力量。在本节课最后，在评估表中对学生的自卫防身表现做出评价。

教学目标

学生将学会：

(1) 分析潜在的危险情景，选择最好的应对步骤。

(2) 演示每种情景下最实用、有效的防身动作。

(3) 评估自己所选防身技巧的效果。

教学设备和工具

◆ 体育馆；

◆ 讲义：自卫防身情景模拟（两周版，或四周版）；

◆ 椅子；

◆ 垫子；

◆ 自卫防身模拟评估表。

第一步

设计一个讲义，描述几个潜在的危险情景。

第二步

要求学生分为四人一组，每组选择一个情景，按照以下步骤模拟情景。

(1) 动作要慢，注意细节。教师应该检查学生选择防身方法的方式和有效性。

(2) 用中等速度，进攻者抱更紧一点，或加大一点力量。

(3) 用中等速度，增加力量，并使用攻击性语言。

(4) 采取出奇制胜的防身方法。

提醒学生，必须格外注意安全和身体接触，选择有躲避倾向的自卫防身技巧。

第三步

集合全班，讨论每组学生采用的防身动作。评价每种动作的有效性，提供可能的其他选择。时刻提醒学生，躲避是正确防身的关键。分析这些情景是否原本可以避免或化解。

自卫防身情景模拟评估选项

提示：以下选项用于对每位学生的评价。

A. 优秀。学生正确选择了多种技巧，表现出足够的力量，保持良好平衡，态度主动。

B. 良好。学生正确选择了多种技巧，保持良好平衡，但是力量小且不够主动。

C. 满意。学生正确选择了一种技巧，但行动犹豫，可能原本希望得到教师的鼓励。学生表现出一定的力量，保持良好平衡，态度主动。

D. 较差。学生在教师鼓励后才选择技巧进行自卫防身，力量、平衡和主动性尚可接受。

E. 不合格。学生展示的技巧错误，力量、平衡和主动性都不合格。

自卫防身情景模拟
两周版（10天）

四人一组，按照以下步骤进行情景模拟。请选择一种可以成功阻止进攻的技巧。切记要保持动作平衡、稳健和主动性。还要切记，完成动作后，你必须警惕可能的连续进攻。

模拟步骤

进攻者动作要慢，注意细节。教师应该检查学生选择的防身技巧是否有效、方式是否正确。

进攻者用中等速度，（如果采用抱姿）抱得更紧一点，或加大一点力量。

进攻者用中等速度，增加力量，并使用攻击性语言。

进攻者出其不意地攻击。

提醒学生，要格外注意安全。

情景

（1）进攻者从学生的正面袭击。进攻者

a. 抓住你的胳膊，想强行拉你进小轿车

b. 抓住你的胳膊，想把你推到墙上

c. 抓住你的两个手腕，强行将你拉到小巷子里

d. 抓住你的两个手腕，想踢你的裆部

e. 抓住你的一个手腕，想把你推倒在地上

（2）进攻者从你的后面袭击。进攻者

a. 抓住你的胳膊，把你扭过来

b. 抓住你的双肩，使劲摇晃你

c. 从后面抓住你，把你转过来，想要攻击你的脸部

（3）你坐在椅子上，进攻者抓住你的胳膊，想要把你拉下座椅。

（4）你被推到墙上。进攻者

a. 抓住你的双手，把你正面摁在墙上

b. 反扭双臂，把你面朝墙摁在墙上

（5）你在街上遇到一个陌生人，他

a. 遭到你拒绝后依然不停地向你要钱

b. 用污言秽语向你怒吼

c. 一直不停地和你说话，直到你感觉不快

自卫防身情景模拟

四周版（20天）

四人一组，按照以下步骤进行情景模拟。请选择一种可以成功阻止进攻的技巧。切记要保持动作平衡、稳健和主动性。完成动作后，你必须警惕可能的连续进攻。

模拟步骤

（1）进攻者动作要慢，注意细节。

(2) 进攻者用中等速度，(如果采用抱姿) 抱得更紧一点，或加大一点力量。

(3) 进攻者用中等速度，增加力量，并使用攻击性语言。

(4) 进攻者出其不意地攻击。

提醒学生，格外注意安全。

情景

(1) 进攻者从你的正面袭击。进攻者

a. 抓住你的胳膊，想强行拉你进小轿车

b. 抓住你的胳膊，想把你推到墙上

c. 抓住你的两个手腕，强行将你拉到小巷子里

d. 抓住你的两个手腕，试图踢你的裆部

e. 抓住你的一个手腕，试图把你推倒在地上

(2) 进攻者从你的后面袭击。进攻者

a. 紧紧抱住你，按住你的双臂，并将你抬起

b. 抓住你的胳膊，把你扭过来

c. 抓住你的双肩，使劲摇晃你

d. 从后面抓住你，把你扭过来，试图攻击你的面部

(3) 你坐在椅子上。进攻者

a. 抓住你的胳膊，想要把你拉下座椅

b. 从背后用双臂紧紧卡住你的脖子

c. 试图从背后掐住你的脖子，使你窒息

(4) 进攻者从你的前方攻击。进攻者

a. 抓住你的脖子，试图使你窒息

b. 抓住你的双臂，把它们紧紧按在你身上

(5) 进攻者从你的后方进攻。进攻者

a. 抓住你的脖子，试图使你窒息

b. 勒住你的脖子，试图控制你的头部

c. 用双手由你背后从腋下将你的头部压在地上（双肩下握颈）

(6) 你被推到墙上。进攻者

a. 抓住你的双手，把你背靠墙按在墙上

b. 控制你的背部，把你面朝墙按在墙上

（7）你在街上遇到一个陌生人，他

a. 即使遭到你的拒绝仍然不停地向你索要钱财

b. 用污言秽语向你怒吼

c. 不停地跟你说话，直到让你感觉不安

第十一次课　有关“强奸行为”的认识误区及真相
我该怎么办？

教学重点

本课将介绍有关“性侵害”的认识误区及真相。要求学生填写一份问卷，该问卷将帮助他们思考安全环境中的性侵害问题。给出正确答案，并讨论人们对性侵害的认识误区和事实真相。

教学目标

学生能够：

(1) 通过课堂讨论，识别强奸行为的主要特征。

(2) 参与有关性侵害的讨论。

(3) 明确当学生本人或朋友面临强奸威胁时，他们应该采取哪些行动。

教学设备和工具

◆ 体育馆；

◆ 讲义：《有关“强奸”的认识误区和真相》；

◆ 8cm×13cm 大小的卡片；

◆ 铅笔。

第一步

准备一份有关强奸行为的认识误区和真相的问卷，内容要符合班级学生的年龄和成熟水平。

第二步

要求学生填写问卷，并思考他们想要提问的问题。由于性侵害是非常敏感的话题，很多学生不想公开提问。你可以向学生提供 8cm×13cm 大小的卡片，用于写下他们想问的问题。

第三步

回答学生在讨论中及卡片上提出的问题。复习当学生本人或朋友面临强奸威胁时应该采取的行动。在讨论中通过幻灯片介绍以下信息（见本课后面的内容)。

教师参考资料

如果你面临强奸威胁:

相信直觉。你可以选择逃跑、大声呼救、踢、打或咬对方。用你认为必要的各种方式阻止对方，你的目标是安全逃脱，如果你认为对抗会带来更严重的伤害甚至生命威胁，那么就配合袭击者。千万不要为你所采取或未采取的行为而内疚自责。

如果你遭到了强奸:

摆脱袭击者后你该怎么做?

- 去安全的地方。
- 拨打报警电话“110”。
- 去医院。在那里，你可以对所受的任何伤害进行检查和治疗。不要洗澡、刷牙、换衣服。
- 报告强奸案件。这一步非常重要。填写报告前，不要为你的决定感到不安。
- 向“强奸侵害援助中心”这类专业机构寻求信息和帮助。
- 寻求心理咨询。心理咨询师可以帮你缓解这次遭遇带来的内心痛苦。

切记：强奸绝不是受害者的过错!

有关“强奸行为”的认识误区和真相

1	强奸是中国发生率最高的暴力犯罪。	是	否
2	强奸行为是轻微罪行，人们夸张了该罪行的严重性。	是	否
3	无论年龄、种族、教育背景、宗教信仰和外貌特征，任何人都可能成为强奸行为的受害者。	是	否
4	强奸行为的受害者大多数是年轻人。	是	否
5	强奸行为的受害者大多认识袭击者。	是	否
6	约 10%~20%的性侵害事件最终报警。	是	否
7	强奸行为是由偶然失控的性冲动引起的。	是	否

续表

1	强奸是中国发生率最高的暴力犯罪。	是	否
8	强奸者很少再次实施强奸。	是	否
9	强奸行为和性侵害大多发生在受害者家中。	是	否
10	如果没有受伤，强奸的受害者就没必要去医院。	是	否

有关“强奸行为”的认识误区和真相
教师问卷

1. **强奸行为是轻微罪行。人们夸张了该罪行的严重性。**

错。2014 年我国平均每天曝光 1.38 起性侵儿童案。其中，受害人群呈现低龄化趋势，尤其以 7 岁到 14 岁的小学生居多。案件的数量庞大，社会影响严重。

2. **无论年龄、种族、教育背景、宗教信仰和外貌特征，任何人都可能成为强奸行为的受害者。**

对。强奸者选择弱者作为目标，并非只选择外貌出众者作为目标。到目前为止，强奸行为的受害者涵盖了所有年龄段的公民，上至年迈老人下至 6 个月大的婴儿。受害者包括男孩、女孩、男性、女性。

3. **强奸行为的受害者大多数是年轻人。**

对。任何人都可能遭遇强奸，但大多数强奸受害者年龄在 14~19 岁之间。强奸者选择青少年女性的频率高于其他年龄段的女性。其中许多案件为熟人作案。16~19 岁的女性中遭遇强奸的可能性是其他年龄段的 4 倍。

4. **强奸行为的受害者大都认识袭击者。**

对。据美国 www.rainn.org/statistics 统计，73%的性侵害案件是熟人作案。在未成年性侵害案件中，34%的袭击者是家庭成员，59%为熟人。

5. **约 10%~20%的性侵害事件最终报警。**

错。据美国 www.rainn.org/statistics 统计，40%的性侵害事件上报到警察局。自 1993 年起，报案数量增加了三分之一。

6. **强奸行为是由偶然失控的性冲动引起的**。

错。强奸不仅是性暴力行为，同时还是身体和精神的暴力行为。更多情况下，强奸者的动机是愤怒以及对操纵力的欲望，而不是性欲。

7. **强奸行为和性侵害大多发生在受害者家中**。

错。不过，报警的强奸及性侵犯案件中，有50%发生在距受害者住所1.6公里的范围内。40%的案件发生在受害者家中（www.rainn.org/statistics）。

8. **如果没有受伤，受害者就没必要去医院**。

错。遭到强奸后，受害者去医院是很重要的。原因如下：

a. 受害者需要查明她（他）们是否受伤。由于处于惊恐中，受害者很可能感觉不到已经受伤。

b. 受害者需要针对性传播疾病或怀孕状况进行检查。

c. 受害者需要为将来的法律诉讼搜集医学证据。

面临强奸威胁时，你该怎么做？

- 相信直觉；
- 你的目标是安全逃脱；
- 去安全的地方；
- 去医院；
- 报警；
- 寻求心理咨询。

第十二次课　有关“强奸行为”的认识误区及真相 熟人强奸及性别模式化

教学重点

学生分为几个小组，讨论性别模式化及其与熟人强奸之间的关系。本课结束时，学生应该了解性别模式化的社会影响以及有关熟人强奸的知识。

教学目标

学生能够：

1. 在小组情景任务中，学生能够回答并辨别有关熟人强奸的重要问题。

2. 解释学生所在社会中的性别模式化。

3. 在关于熟人强奸的公开讨论中，学生能倾听并与同学互动。

教学设备与工具

◆ 体育馆；

◆ 投影仪；

◆ 讲义：见本课《熟人强奸案例》。

第一步

发放《熟人强奸案例》讲义，要求学生坐下，通读全文，将学生分为几人小组，讨论讲义最后提出的问题。

注意：最好提前分好组。分组时要特别考虑小组成员是否适合一起讨论，照顾到每个人的情绪。对于班级大多数学生来说，本课讨论的话题可能异常敏感，应尽量让每位学生可以自在地讨论。

第二步

集合全体学生，就熟人强奸进行集体讨论。然后，通过投影仪展示几个案例，引出“性别模式化”这个概念，并在《熟人强奸案例》描述的男孩和女孩的行为中，指出哪些行为是性别的模式化行为。

第三步

如果时间允许的话，引导学生讨论性别模式化的观念，并指出避免强奸的有效方法。(参见教师参考资料)

教师参考资料

性别的模式化

根据以下各点，讨论性别的模式化角色。

是男人：

- 跟男生在一起时，讨论性关系，贬低女性。
- 讲色情笑话。
- 用“婊子”等侮辱性词汇来称呼女性。
- 未来必须要靠你来撑起一个家庭。
- 要会修理东西，精通汽车修理，熟练各种手工活，独立能干。
- 逃避责任。不跟那些真心要和你结婚的女孩谈恋爱。
- 评价女孩子，凭外貌分析女孩。只看外在，忽视内在。
- 不轻易表露情绪，男儿有泪不轻弹。
- 要坚强，有抱负。一旦有梦想，就要去追求，不要被任何女人牵绊。

是女人：

- 不要表现得太聪明，那样会让男性感到威胁。女人是没头脑的“花瓶”，不可能是航天专家。
- 女人就应该是被照顾和保护的对象。
- 总是竭力保持完美身材，苗条才是时尚，胖一点点就说明你没照顾好自己。
- 你必须用美貌来争取男性的青睐。
- 要多愁善感。
- 总是在乎他人的感受，不维护自己的权利。
- 女人是知书达礼的。
- 婚戒是女人成功的象征。
- 穿衣是为了时尚，而不是为了舒适和安全。

预防熟人强奸的策略

讨论预防熟人强奸的策略时，请参考以下信息：

男性：

- 与未成年人发生性关系是违法行为。在中国，未成年人是指未满18周岁的公民。
- 别相信一些人的错误观念，如“女孩说‘是’意味着‘是’，‘不’意味着‘也许’，或女孩嘴上说‘不’其实真实想法是‘是’”。
- 如果觉得对方给你的信息不够明确，那么向她说明你的困惑。让她表明自己的真实想法，但是，如果她说“不”，不要强迫她改变想法。
- 永远不要觉得任何女性有义务和你发生性关系。
- 远离酒精和毒品。它们会影响你的行为和判断。
- 将对女性的各种暴力和强奸看作一个连续统一体。一句话或一个小小的玩笑就可以引发并恶化成一起暴力事件。
- 警惕男性试图征服女性的所有方式。

女性：

- 与未成年人发生性关系是违法行为。在中国，未成年人是指未满18周岁的公民。
- 勇于维护自己。
- 不能肯定时，就要说“不！”
- 远离酒精和毒品。它们会影响你的行为和判断。
- 按你自己方便的时间安排约会。
- 要直截了当！

教师参考资料

性侵犯行为

以下是避免性侵犯的几项建议。参考以下建议，坦诚地进行一次有关性侵犯的讨论。

建议：

1. 你有权设定自己的性关系限度。对不同的人，你可能有不同的限度，但是你应该明白，你的限度和别人的限度都是可以改变的。

2. 就这些限度进行沟通。你必须明确表达你的需求和欲望，别人无法知道你的想法。

3. 相信你的感觉。警惕同伴暗暗施压，强迫与你发生关系，提防可能会违背你意愿诱使你发生关系的人。

4. 警惕一些非分举动。当心身边人的以下行为：

a. 有人紧紧站在或坐在你身边，你不自在他却很享受。

b. 有人表现得跟你很熟，其实并非这样。

c. 有人以抓你或推你来取乐。这是极其不当的行为，绝对不能容忍。

d. 那个人都不听或不理会你说的任何话。

5. 勇于维护自己。做以下事情都是可以的：

a. 有人对你有非分举动时，要向他发怒。

b. 立即做出强烈回应，如喊叫、踢打或逃跑。

c. 坚决维护自己的权利。有人强迫与你发生性关系，你可以粗暴地回应他。

d. 这时，伤害别人的感受也是可以的。

6. 进行预演。设想如果有人骚扰你时该采取哪些步骤。在头脑中预演这些情景，有助于你更快做出反应。

性侵犯行为

避免性侵犯的建议

1. 你有权设定自己的性关系限度。
2. 就这些限度进行沟通。
3. 相信你的感觉。
4. 警惕一些非分举动。
5. 勇于维护自己。
6. 进行预演。

熟人强奸案例

托尼带黛安去参加派对，在朋友的鼓动下他喝了很多酒。在派对上，托尼不停地为黛安倒啤酒。尽管黛安不爱喝，但她还是喝了，她不想让托尼觉得自己无趣。托尼对黛安的穿着品头论足，说她穿短裙会更好看，但是黛安就当没听到。托尼很快就喝醉了。过了一会儿，他跟黛安说想单独和她在一起，这样他们可以好好聊聊。黛安并不想离开，但她还是跟托尼走了，因为她想让托尼高兴。托尼带她去了无人的街道和公园。他们开始亲吻，黛安很开心，不过，她心里在想，该什么时候告诉托尼她并不想有更亲密的接触。不幸的是，托尼并没有考虑黛安的想法。他根本就不在乎。事实上，他发现黛安开始不安了，但他很享受自己此时此刻的感觉：一种对别人的操纵感。托尼头脑中有两个声音在争论：

声音1：

继续下去！她跟你来了。她知道会发生的一切。她可能心里在说“不”，不过，女孩子都是这样的。这样做没问题。所有男孩都是这样做的。你有权与她发生性关系，是她在诱惑你，要求你。

声音2：

她不想有更亲密的举动。她似乎吓坏了。你该送她回家。你没有权利强迫她。

那么，托尼是如何做的呢？

托尼阻止了第二种声音（酒精的作用）。他很享受从强迫黛安发生性关系中获得的操纵感。他感到控制了一切，感到自己的强大，认为自己在做着男人应该做的事情。

托尼强奸了黛安。尽管他装作不知道，但他明白黛安正在哭泣。一切结束后，他只想赶快送黛安回家。一路上他们都很沉默。汽车一到黛安家，她马上跳下车，跑回了家。从那以后，他们在学校对彼此依然礼貌，但再没有约会过。

黛安认为整件事都是自己的错。她怎么能让自己单独和托尼相处？她为什么要喝酒？如果她没喝酒，可能会有更清醒的判断，就不会单独和托尼离开。她还为和托尼接吻感到内疚。如果她不和托尼亲热，托尼就不会想要和她发生关系。因此，黛安恨自己，没向任何人提起这件事。

托尼也无法向朋友炫耀此事，因为他看到了黛安的眼泪。他想：也许我不该强迫她。咳！他俩的朋友以为他们是因为吵架分手的。托尼逐渐忘了这件事，而黛安却永远记得，从此像变了个人一样。

你怎么看?

学生按小组讨论以下问题，真诚聆听每个人的观点。

1. 你认为发生这次强奸是黛安的错吗?

2. 托尼可以因为觉得黛安在引诱他，就有权要求和黛安发生性关系吗?

3. 怎样可以避免这次强奸的发生呢?

第十三次课　熟人强奸的典型阶段

教学重点

向学生介绍熟人强奸的几个典型阶段，要求学生独自阅读一个案例。然后，讨论该案例中的几个典型阶段是什么。要求学生回答哪些措施可以避免案例中的熟人强奸行为，或降低其可能性。

教学目标

学生将能够：

1. 辨别熟人强奸的典型阶段。
2. 思考降低熟人强奸可能性的措施。

教学设备与工具

◆ 教室或体育馆；

◆ 投影仪；

◆ 讲义：见本课《熟人强奸典型阶段的案例》。

第一步

用投影仪介绍本课有关熟人强奸典型阶段的内容。

教师参考资料

熟人强奸的典型阶段

• 侵犯：强奸者通过非分接触或眼神让受害者感到不安，以此试探受害者的反应，并通过受害者的不同反应选择是否进一步侵犯。

• 忽视：受害者忽视强奸者的侵犯行为，或为他们寻找借口。受害者对强奸者没有足够的警惕性，或者认为：这是他的方式而已。

• 独处：强奸者和受害者单独相处，如在汽车内、公寓或户外。

第二步

给学生发讲义，要求学生独自阅读。

第三步

要求学生以小组形式回答案例后的几个问题，然后集合全班，讨论并分析答案。

熟人强奸典型阶段的案例

迈克和凯芮是大学同学，曾经谈过一段恋爱。凯芮现在正和别人谈恋爱，但她和迈克仍保持朋友关系。一天晚上，凯芮的男朋友外出不在，她和迈克出去喝酒。凯芮说自己不能再喝了，迈克仍然不停地请凯芮喝酒。迈克说，很高兴凯芮的男朋友不在，但凯芮什么都没说。他俩继续喝酒，迈克将手放在凯芮腿上，凯芮感到很不自在，但她不想声张，所以装作无所谓。夜深了，迈克在肢体上变得更亲密。凯芮开着男朋友的玩笑，并说迈克的举动让她感觉到有点不舒服，但她并没说“住手”。

最后，他们离开了，迈克带凯芮去了他家。他邀请凯芮进去，凯芮同意了。迈克抓着凯芮就往卧室拉，说只想抱抱她。凯芮说她不愿意，但是迈克仍然坚持。局势失控了，迈克强奸了凯芮。

问　题

- 第一次“侵犯”是如何发生的？
- 凯芮怎样“忽视”迈克的非分举动的？
- 凯芮和迈克怎么变成“独处”的？

第十四次课　自我防卫的法律知识
有罪还是无罪?

教学重点

学生将通过“拼图”主动学习法来研究自我防卫的法律知识。各组的每位学生都要研究一条有关自我防卫的法律知识，然后与小组其他成员分享。在小组成员分享完所有的法律知识后，将完成“你是法官”活动。

教学目标

学生能够：

1. 给“重罪”和“轻罪”下定义。
2. 概括自我防卫的基本法律知识。
3. 运用自我防卫的法律知识来判断防卫者“有罪”还是“无罪”。
4. 与小组成员一起完成“拼图”活动。
5. 自己主动学习。

教学设备与工具

◆ 体育馆；
◆ 宣传海报；
◆ 胶带；
◆ 讲义：见本课《你是法官》。

第一步

利用自我防卫法律知识（见教师参考资料）的信息制作 4 个宣传海报，分别为 1 号至 4 号海报，将它们贴在体育馆四周。学生将利用海报上的内容回答问题。

第二步

将学生分为 4 组，让学生从 1 到 4 选一个号。学生寻找与自己号码一样的那张海报，学习海报内容，然后与组员分享自己学到的知识。这样，学生可以学到 4 个海报上的所有知识。

第三步

向学生发放《你是法官》的讲义内容，要求学生参考海报内容，回答每个情景中提到的几个问题，学生可以去查看海报内容。

第四步

学生阅读完讲义后，集合全班，讨论学生对每个情景的反应。提供正确答案，并解答学生不明白的法律知识。

教师参考资料

利用以下内容准备宣传海报。

海报 1

阅读并熟记以下内容，然后返回各自小组。

自我防卫

对暴力犯罪行为的防卫称为自我防卫。自我防卫的基本原则是，如果你或你的家人朋友正遭遇袭击，你可以采取任何合理的必要措施阻止加害者。如果你采取的措施合理且不必遵守细微的法律规定，你的防卫力度可以大于加害者的力度。

你采取的防卫措施不能超过当时的必要限度。只有当你确信你正遭遇死亡威胁或严重身体伤害时，法律才允许你使用极端的防卫行为，如对加害者造成死亡或严重身体伤害。

海报 2

阅读并熟记以下内容，然后返回各自小组。

自我防卫

你可以采取措施避免可能发生的伤害。如果你感觉受到威胁，你不必等到伤害发生时才进行自卫。即使你的判断错误，但你确信自己或他人正遭遇危险，你的自我防卫仍然是合法的。

在街上进行自我防卫是有限度的。如果情况允许的话，应尽量先选择逃脱而不是暴力回击，其次再考虑回击。如果有逃脱的机会，那么法律对当时的自我防卫是否合法有详细的规定。

遭到语言攻击时需要克制。用暴力回应语言攻击有可能是违法的。如果你用暴力回应，你就变成了加害者。

海报 3

阅读并熟记以下内容，然后返回各自小组。

自我防卫

在家中进行自我防卫的基本规定是，你不必选择逃脱，即使逃脱可能更为合理且可以避免暴力。

如果进入你家的是未携带武器的入室盗窃者，没有任何伤害人的意图或行为，并且家里有多人在场并可轻易控制入室者，你可以不采取极端暴力的防卫措施。

如果你无法确定入室者的意图，你可以采取任何措施，哪怕杀死对方。

如果有人从你家房屋外的土地上经过，除非他试图进入房屋，法律不允许你用伤人或暴力的方式对待他（她）。你应该设法赶走他（她）或报警。

你是法官

阅读以下情景，判断其中人物是否有罪？

情景 1

汉克刚刚转学。报到第一天，一群男孩就欺负他。一开始只是语言上的骚扰和辱骂，可后来事态升级，他们要打他。

放学后汉克去停车场，准备开车回家，发现车身被钥匙划伤了。这时，正在远处观察他的男孩们放声大笑。汉克冲向他们，拦住名叫乔的男孩，想制伏他。汉克大声呼救，乔也动手打他，但是为了不让乔逃走，汉克打得更重，直到警察赶来。乔被送到了医院，下颚骨折。汉克则被送到警察局。

问　题

1. 谁犯有殴打罪，乔还是汉克？
2. 这种殴打是法律允许的吗？

3. 你认为寻衅滋事和殴打分别属于下列哪类罪行：违法、轻罪或重罪？

情景 2

罗兰，18 岁，父母要她周末待在奶奶家，因为奶奶生病了，需要有人提醒吃药。罗兰的父母要她格外小心，并给她辣椒水喷雾，用于防身。

晚上罗兰听到奶奶家厨房有声音，她很害怕，觉得不安全，所以带着辣椒水走向厨房。一名男子正在翻厨房的抽屉。听到罗兰过来的声音，他立刻躲到门后，说他不想伤害人。罗兰无法确定他的意图，决定使用辣椒水。那名男子搓着眼睛，慌忙逃出厨房，摔下了楼梯，其间一条腿骨折。罗兰打电话报了警。

问　题

1. 该男子是否犯有盗窃罪？
2. 该男子是否犯有入室行窃罪？
3. 罗兰使用辣椒水合法吗？
4. 罗兰犯有殴打罪（侵犯人身健康罪）吗？

第十五次课　了解权利，相信感觉

教学重点

约会问答：了解自己的权利，相信自己的感觉。

教学目标

学生能讨论和分析有关约会和权利的话题，以及如何相信自己的感觉。

教学设备与工具

◆ 体育馆；

◆ 6 把椅子。

第一步

1. 选择一个可以激发学生兴趣的约会话题（见《教师参考资料》中的例子）。教学手段要能激发学生参与的积极性，向学生解释要讨论的问题。

2. 选 6 名学生（3 男 3 女）作为答题组，将答题组的 6 把座椅放在场地，呈半圆形。

3. 要求全班学生将自己的座椅围在答题组的座椅外侧，同样围成半圆形。

4. 以发人深思的问题开始今天的讨论，要求全班同学向答题组的同学提问，强调我们的性别模式化观念怎样影响我们对问题的回答。

5. 讨论的最后，要求班级学生向老师提问。

6. 然后，安排时间将全班分为几个小组，继续进行讨论。

其他形式：

顺序从后向前进行，先小组讨论，再向答题组提问。

教师参考资料

约会

话题：如果有人向你约会，你必须去。

a. 作为一个男孩或女孩，你有权利拒绝这次约会吗？

b. 怎样委婉恰当地拒绝约会？

话题：因为约会都是男孩埋单，所以对于看哪部电影，女孩没有发言权。

a. 约会时，对于看哪部电影，女孩是否有发言权？

b. 他们该如何选择电影？

话题：约会结束，女孩有义务向男生亲吻告别。

a. 女孩是否必须亲吻男生？

b. 如果女孩不想亲吻男生，她该怎么做比较恰当？

话题：男孩都必须表现得坚强，有抱负。

a. 面对电影的感人画面，男孩哭了，你会作何反应？

b. 为何女孩可以表露感情，男生不可以？

话题：你不能独自一人参加校园舞会。

a. 如果你独自一人参加舞会，你的朋友会作何反应？

话题：女孩必须时刻穿着时尚，但是男孩可以穿得随心所欲。

a. 服饰对你的受欢迎度有多么重要？

b. 如果女孩穿非常暴露的服装，是她们自己想这样穿吗？

话题：侮辱女孩的话不会伤害她们，它们并不意味着什么。

a. 流行音乐中的歌词和内容是否确有其指？

b. 那些歌词是否在指责和侮辱女性？

话题：评论女孩只是男孩们之间的游戏而已，并不意味着什么。

a. 男孩真的只看中外表，不关心女孩的内在吗？

b. 女孩是否也是这样？

c. 有人评论你，你有什么感觉？

第二步

总结性别模式化的要点内容（见课本《熟人强奸和性别模式化》）。向学生强调，约会时如果有任何为难之处，都要相信自己，每个人都有权利说“不”。

自我防卫期末测试

(25 分)

回答以下问题，在答题纸上作答，每题只有一个正确答案。

1. 如果你面临身体威胁，应该优先击打进攻者的哪两个身体部位？
   a. 膝盖和腹部
   b. 膝盖和下巴
   c. 眼睛和腹部
   d. 眼睛和阴部
2. 如果你接到猥亵电话，你的第一反应该是什么？
   a. 立即挂断。
   b. 直接问对方是谁。
   c. 接听电话，并迅速判断来电者是谁。
   d. 向来电者大喊："别再打来电话，否则我就报警。"
3. 你独自一人购物，感觉被人跟踪。你该怎么做？
   a. 立刻找个洗手间，进去躲起来。
   b. 跑向你的汽车，进去锁起车门。
   c. 跑进一家商铺，告诉店内工作人员有人跟踪你。
   d. 忽视不理，直到他自行离开。
4. 犯罪的发生必然同时存在以下几个因素：欲望、能力和机会。
   a. 是
   b. 否
5. 无弹簧门锁可提供更强保护，能阻止盗窃者，比其他门锁更管用。
   a. 是
   b. 否
6. 阻止盗窃者从窗户进入房屋的有效方法是：
   a. 在窗外种花
   b. 在窗外放垃圾箱
   c. 给所有窗户安装安全锁
   d. 平时只打开顶部的窗户
7. 房屋窗户上不要安装金属护栏，除非

a. 发生火灾时，金属栏杆可从内部打开。

b. 金属栏杆是通电的。

c. 家里所有孩子都知道发生火灾时应如何从前门逃离。

d. 家里养了宠物狗。

8. 睡觉时，哪个房间最好亮着灯？

a. 车库

b. 餐厅

c. 厨房

d. 卫生间

9. 如果回到家，你觉得有人侵入你的房屋，你应该赶快进屋查看是否丢失财物。

a. 是

b. 否

10. 独自走在街上，你应该：

a. 顺交通行走

b. 逆交通行走

11. 可以向电话推销人员提供自己的个人信息。

a. 是

b. 否

12. 街上发现可疑人员，没必要报警。任何人都有权在大街上行走。

a. 是

b. 否

13. 白天可以坐陌生人的汽车，但晚上不可以。

a. 是

b. 否

14. 想要化解潜在冲突，你应该

a. 威胁进攻者

b. 冷静，但要保持警惕

c. 忽视那个人

d. 走近潜在进攻者，贴近他的面部，瞪着他

15. 以下哪种行为是自我防卫的典型姿势?
   a. 站直，直面进攻者
   b. 转身逃跑
   c. 蹲下，放下胳膊，保持坚定态度
   d. 身体向进攻者前倾，抬起双臂，膝盖弯曲
16. 如果某种罪行将被处以一年以下监禁，属于
   a. 轻罪
   b. 重罪
17. 任何情况下，自卫者都可以采用任何方式来阻止犯罪，甚至使用手枪。
   a. 是
   b. 否
18. 面对进攻者，永远不要选择逃跑，而要正面回击。
   a. 是
   b. 否
19. 当你选择击打或踢打进攻者，关键时候大叫一声有助于你在身体和心理上感觉更加强大。
   a. 是
   b. 否
20. 当你用拳迎面击打进攻者时，应该用哪个部位接触对方?
   a. 前两节指关节
   b. 大拇指
   c. 小拇指
   d. 手腕
21. 如果你用掌根击打进攻者，应该击打什么部位?
   a. 腹部
   b. 膝盖
   c. 鼻子或下巴
   d. 耳朵
22. 进行自我防卫技巧训练时，要用最大的力量、最快的速度，陪练

的安全应该由他自己负责。

a. 是

b. 否

23. 当你面临生命威胁时，绝不能使用暴力，相反，你要努力用语言来化解危险状况。

a. 是

b. 否

24. 当袭击者试图使你窒息时，你最好保持冷静，并期待袭击者放弃攻击。

a. 是

b. 否

25. 自我防卫中，选择暴力回击前，你应该先设法避免冲突发生。

a. 是

b. 否

期末测试答案

1. d　2. a　3. c　4. a　5. a　6. c　7. a　8. d　9. b　10. b　11. b　12. b　13. b　14. b　15. d　16. a　17. b　18. b　19. a　20. a　21. c　22. b　23. b　24. b　25. a

家庭作业设计

家庭和人身安全

回答以下问题：

当你准备离家一天或更久，你该怎样保证住宅的安全？

你不在家时有人进入你家，你该怎么办？

你在家时有人进入你家，你该怎么办？

你该怎样应对电话骗子和骚扰电话？

上网聊天时，你该怎样应对骚扰消息？

给以下各种情形总结几点安全建议。

散步；
乘坐公共交通工具；
开车；
遭到骚扰；
在学校楼道里行走。

担心和恐惧

步骤 1

写一篇文章，描述你对个人安全的担心和恐惧。可以包括但不局限于以下的担心：

- 家中或工作场所的安全；
- 你常去地点的安全；
- 人际关系中的安全；
- 开车或乘坐交通工具的安全。

步骤 2

完成步骤 1 中的任务后，请针对你的一种担心，设计一个消除或减轻这个担心的策略，写出策略的每个步骤。

犯罪数据

在网上查询你所在社区的犯罪数据。就你的发现写份报告，包括以下问题：涉案人员、犯罪行为、时间、地点、情况如何。

文本评论

阅读一篇关于自我防卫的文章，写一份评论，你的评论可以包括以下话题：

- 描述这篇文章吸引你的地方。
- 讨论你赞同与不赞同的地方。
- 讨论文章中让你惊讶的地方。
- 文章中哪些观点是你想进一步了解的？

性别的模式化

从青少年或时尚杂志中寻找一个利用性别模式化的广告。广告是怎样强化“女性是弱者，男性是主导”这个错误观念的？它们如何强化女性是性目标的？

写一篇简短的文章，描述你选择的广告以及你对以上问题的看法。

第二节　身体素质教学内容

第一次课　小鸭队列走（力量练习）

练习方法：分成人数相等的 4 组，后面同学扶住前面同学腰际两侧，且同时蹲下，组成一路纵队，听到信号后，集体向前迈步走 5~10 米。要求：蹲下走，随意站起来的算违例，如图 6-2-1 所示。

比赛方式：比一比哪组先完成规定的距离。

安全要领：在平坦的场地上进行。

图 6-2-1

第二次课　绳梯折返跑（速度练习）

练习方法：在松软且不易打滑的地面上，摆好绳梯（若无器材，可在场地上画出绳梯），学生从起点出发，以尽可能快的速度到达终点，跑步过程中脚不可以踩到绳梯，且每个空格区域必须踩到，到达终点后以同样的方式返回起点，如图 6-2-2 所示。

比赛方式：分组接力或个人竞速形式，首先完成者为胜利。

安全要领：注意场地有无杂物，需在加速度时双腿协调，量力而行，切勿摔倒。

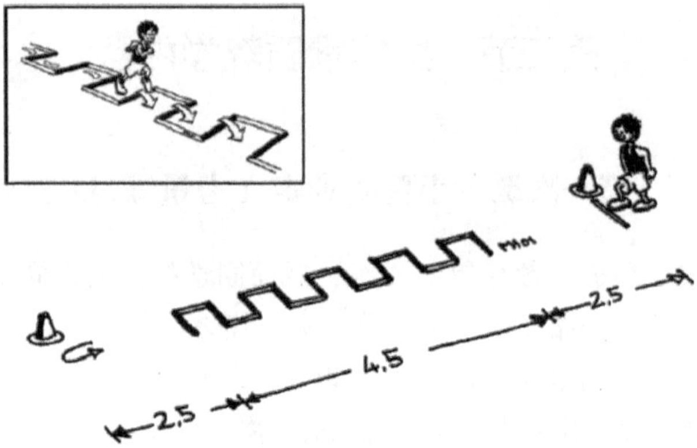

图 6-2-2

第三次课 坐姿正面双手头上抛球（力量练习）

练习方法：屈膝分腿坐，正对抛球方向，双手持球于头上，上体稍后倾，然后躯干用力向前发力，以胸带动手臂向投掷方向将球抛出，如图 6-2-3 所示。

比赛方式：以抛球距离决定胜负。

安全要领：做好腕指关节的准备活动，以防受伤。

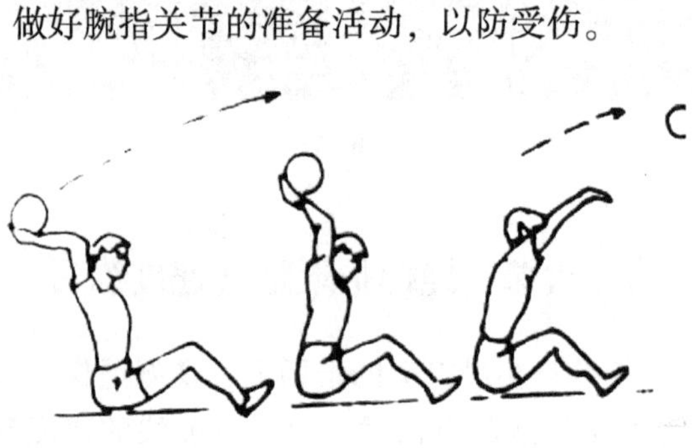

图 6-2-3

第四次课　提高落脚准确性跑步（速度练习）

练习方法：在跑道上画出若干条距离适当且距离各不相同的横线，学生从起点出发，每个空格必须踩到，且每个格子只能单脚踩到一次，踩到横线者重新开始，如图 6-2-4 所示。

比赛方式：以分组接力或个人竞速形式进行比赛。

安全要领：跑步时注意力要集中，格子距离选择适当，切勿拉伤或跌倒。

图 6-2-4

第五次课　闯三关（灵敏练习）

练习方法：游戏者分成若干组，游戏开始时，每组都是两人或按规定由多人拉手跑过三根摇动的长绳。游戏者必须尽快地闯过三关，如图 6-2-5 所示。

比赛方式：以闯过三关用时间最少的一组胜利。

安全要领：注意前后组间距，避免发生碰撞。

图 6-2-5

第六次课　你拉我拽（力量练习）

练习方法：两人背向趴在垫上，把橡皮筋套在脚踝上进行拉力练习，如图 6-2-6 所示。

比赛方式：无。

安全要领：学生不能突然用力。

图 6-2-6

第七次课　抓尾巴（速度练习）

练习方法：在半个篮球场上，10 人左右，分成两组，每人腰后别一根一米多长的“尾巴”，约有 30~50 厘米拖在地上。同伴力争将对方的“尾巴”用脚踩住。要求必须用脚踩下绳子，如图 6-2-7 所示。

比赛方法：两组比赛，以在一定时间内踩下“尾巴”多的组为胜。

安全要领：注意安全，防止同学之间互相冲撞。

图 6-2-7

第八次课　俯卧抛接球（力量练习）

练习方法：俯卧在垫上，小腿部或踝关节要用器械或同伴用双手压住，练习者两手持实心球，腰背肌用力，身体向上抬起，然后用力将实心球抛出。抛出的球由同伴接住，抛回时练习者起身接球，连续进行练习，如图 6-2-8 所示。

比赛方式：以每个小组完成的次数决定胜负，实心球若落地，扣分或停止。

安全要领：热身充分，回球者注意回球准确，避免砸伤抛球者。

图 6-2-8

第九次课　蛇形跑　（速度练习）

练习方法：每隔两米插一根旗杆或摆放一块石块等障碍物，通过示范等方式让学生理解跑的方式。游刃有余地绕障碍物 S 形跑，是本练习的目标，如图 6-2-9 所示。

比赛方式：比一比谁（或哪组）用最短的时间跑完，可否碰杆应事先规定。

安全要领：适当控制速度，以免摔伤。

图 6-2-9

第十次课　敏捷梯练习（灵敏练习）

练习方法：练习者从敏捷梯一端开始，双脚并拢，同时起跳，跳起后身体开腾空中按顺时针或逆时针转体 180°转换反向，跳进下个格子，然后保持同样的转体方向跳完所有的格子，如图 6–2–10 所示。

比赛方式：个人或小组按完成时间多少决定胜负。

安全要领：无。

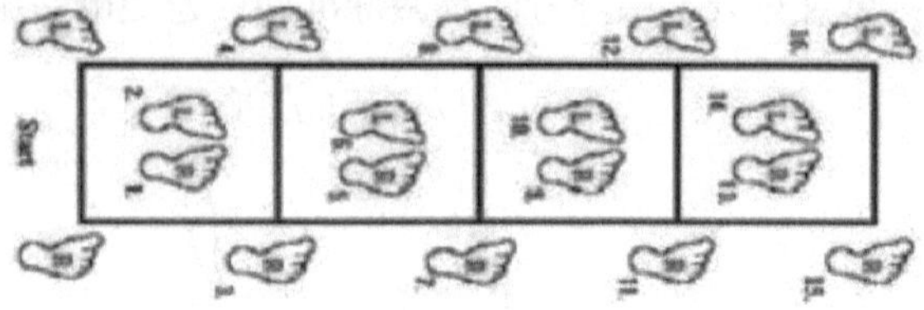

图 6–2–10

第十一次课　向下推球（力量练习）

练习方法：手持球放在锁窝处，向地面做推球压腕拨指的鞭打动作，如图 6–2–11 所示。

比赛方式：比一比看谁球反弹得高。

安全要领：推球时两脚开立，球落在两脚之间，以防砸脚。

图 6–2–11

第十二次课　双人摇绳跑（速度练习）

练习方法： 手持跳绳站在起跑线上，老师发令后两个学生一个左手持绳，一个右手持绳，开始同时边摇绳边跑，绕过 20 米外的标志杆往回跑，然后将这根绳传递给下一组的两个同学。看哪组同学速度快，配合得好。变形练习：可以两人倒着后摇绳背向跑，也可以两人侧向移动侧交叉步跑，如图 6-2-12 所示。

比赛方式： 20 米折返跑距离比赛，开始前每队各出两人，手持跳绳站在起跑线上，老师发令后两个学生开始一起边摇绳边跑，绕过 20 米外的标志杆往回跑。然后将这根绳传递给下一个同学。以此类推，如此最先完成比赛的团体为获胜者。

安全要领： 发展学生快速奔跑素质和两个人一起摇绳的协调配合能力。提高学生的心肺功能，培养小组成员的团结合作精神。

图 6-2-12

第十三次课　立卧撑跳（力量练习）

练习方法： 练习者以俯撑动作开始，首先双腿屈膝收至腹下，两腿并拢落地成蹲撑，随后两手推地站起，同时向上跳起，待两脚落地瞬间又成俯撑，还原至开始动作，以此重复，如图 6-2-13 所示。

比赛方式： 规定时间内谁能做的次数最多。

安全要领： 下落成俯撑时，腕、肘关节应相对做缓冲。

图 6-2-13

第十四次课　高抬腿跑（速度练习）

练习方法：与其他跑的练习强调跑的动作多样性相比，该练习的目的是让学生了解如何跑得更快。对于最初接触快速跑的学生来说，腿抬不起来（俗语，拉不开栓）、后蹬无力是最普遍的问题。为了给学生一个直观认识，教师可模仿观察到学生的各种跑姿，并让学生仔细观察哪种跑姿跑得舒展且快。提示学生要做到动作舒展跑得快，必须高抬腿。学生练习高抬腿时先原地练习，进而过渡到移动过程中的高抬腿练习。如果学生练习进展顺利，还可提示学生蹬地时应有意识地用力蹬，而且脚跟不要着地，如图 6-2-14 所示。

比赛方式：在相同节奏下，比一比谁（或哪组）连续高抬腿练习的次数最多，前提是大腿必须抬到与地面平行。

安全要领：本练习动作幅度较大且有一定强度，因此正式练习前应做好准备活动。

图 6-2-14

第十五次课　两手交换弹球运输（灵敏练习）

练习方法：两手手持乒乓球拍弹球前进，要求每手一次交换；距离为15~20米，如图6-2-15所示。

比赛方式：根据人数可以分成人数相等的若干组做迎面接力，也可以一人往返后接力，所有组员均完成，领先获胜。

安全要领：无特别要求。

图 6-2-15

第十六次课　背飞（力量练习）

练习方法：学生俯趴做两头翘，同时一手抱于头后，一手伸直去拍头前的球，做一个两头翘拍一次球，两手交换做，10~15次一组，如图6-2-16所示。

比赛方式：可以比一比一分钟内完成的次数。

安全要领：无特别要求。

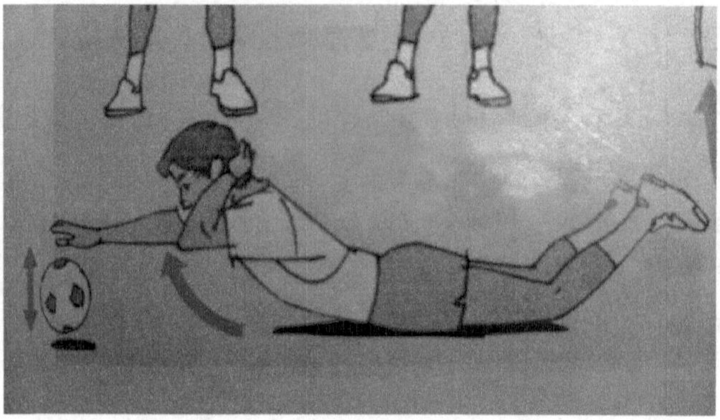

图 6-2-16

第十七次课　贴报纸跑（速度练习）

练习方法：单纯地让学生重复练习快速跑，随着时间的推移，因枯燥、个人能力相对低下等原因，丧失兴趣的学生会越来越多。本练习稍加改造则会起到异曲同工的效果。让学生将一张报纸打开后，横着放在胸前，跑动后手不要抓报纸，依靠跑动产生的风压将报纸贴在胸前。根据学生身体特征及练习进展设定、调整跑的距离，如图 6-2-17 所示。

比赛方式：分组对抗，采用接力的方式比一比哪组最先跑完。报纸掉落后要返回掉落地点跑完剩下的距离。

安全要领：无特殊要求。

图 6-2-17

第十八次课　坐姿后抛球　（力量练习）

练习方法：屈膝分腿坐在垫子上，背对抛球方向，双手持实心球于大腿内侧，抛球时上体迅速后仰，双臂向上，用力将球向后抛出，如图 6-2-18 所示。

比赛方式：以抛球距离决定胜负。

安全要领：上体后仰时不要用力过猛，避免撞击头部。

图 6-2-18

第十九次课　竿不倒比赛　（速度练习）

练习方法：分为人数相等的若干组。每组先指定一人到返回处扶竿站立。各组第一个人快速跑到扶竿者处接替扶竿人，扶竿人则迅速返回本队，下一个队员快速跑到竿前面，替换前一个队友。以此类推，如图 6-2-19 所示。

比赛方式：听口令后开始比赛，各组第一个人到达扶竿者处接替扶竿人，扶竿人则迅速返回本队，同下一个人击掌后到排尾。全队依次进行，以最先完成的队为胜。竹竿不能倒地，否则重做。学生必须与返回者击掌后才能起跑出发。

安全要领：无特殊要求。

图 6-2-19

第二十次课　原地单人大小绳同跳（灵敏练习）

练习方法： 将游戏者分成三人一组，当“预备”口令后每队的两名摇绳者，持大绳两端，分别站在场地两端，一名游戏者两手持小绳两端放体后站中点预备。“开始”口令后计时开始，大、小绳同时由后向前摇起，游戏者随同时跳过两绳为一次。每人按上述要求各跳一分钟，如图 6-2-20 所示。

比赛方式： 一分钟内摇绳次数最多为胜利。

安全要领： 三人同步，主动配合。

图 6-2-20

第二十一次课　坐姿后抛球（力量练习）

练习方法： 学生单腿下蹲，另一条腿伸直，与地面平行，两腿做交换跳，另一名同学可以在一侧辅助练习。10~15 次一组，如图 6-2-21 所示。

比赛方式： 无。

安全要领： 充分做好准备活动，练习完毕要充分放松。

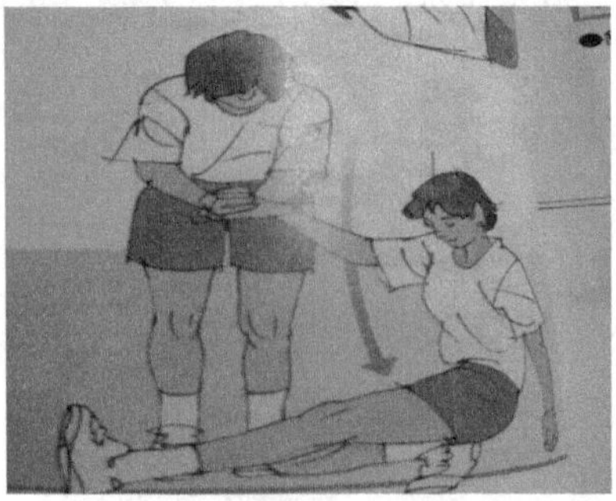

图 6-2-21

第二十二次课　横着跑（螃蟹跑）（速度练习）

练习方法：在“螃蟹走”练习的基础上，腿部动作由侧跨变为左右交换连续侧向跳跃，两手置于体侧或背后，如图 6-2-22 所示。

比赛方式：比一比谁在不保持动作姿态的基础上，能够横着跑得更快。

安全要领：注意适当休息，控制好最快安全转速，以免摔倒。

图 6-2-22

第二十三次课　仰卧举腿抛球（力量练习）

练习方法：练习者仰卧于垫上，两腿夹实心球，然后两腿迅速上举，将球向后上方抛出，同伴接球再抛回，反复进行传接球，如图 6-2-23 所示。

比赛方式：以每组完成成功的次数为胜负条件。

安全要领：抛球者发力不要过大，避免撞到脚踝或成后滚翻。

图 6-2-23

第二十四次课　一带一牵引跑（速度练习）

练习方法：把橡皮带拴在两个练习者腰部，快的在前，稍慢的在后，采用一带一的形式快速跑60~80米，如图6-2-24所示。

比赛方式：迎面接力跑。

安全要领：无特别要求。

图6-2-24

第二十五次课　敏捷梯练习（灵敏练习）

练习方法：练习者左脚站立准备，双脚同时跳入格子，跳出时右脚单独站立，再次跳进时，双脚跳入格子，以此横向前行，如图6-2-25所示。

比赛形式：小组接力进行，一名练习者踏过所有格子，下一名练习者开始前行，小组结束动作用时最少为胜利。

安全要领：无。

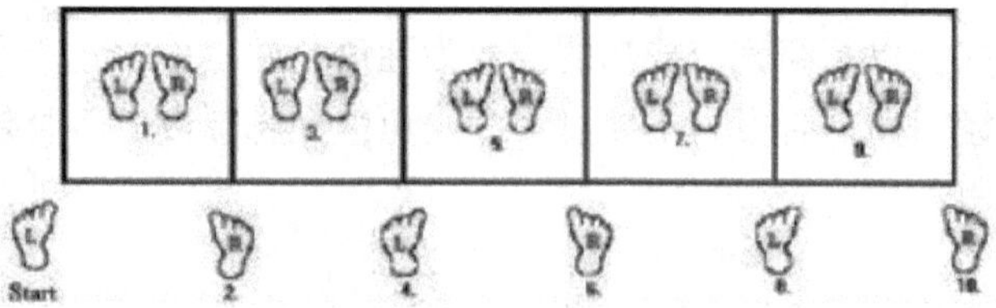

图6-2-25

第二十六次课　跨步跳或多级跳（力量练习）

动作方法：这是发展腿部力量有效的练习手段。两腿交替蹬地成跨步姿势向前上方跳起，摆动腿，屈膝向前上方高抬，支撑腿迅速有力蹬地，髋、膝、踝三个关节充分伸直，上体正直，两臂从体侧同时用力前摆至肩平，或同跑一样前后摆动。跨步跳与多级跳动作基本相同，所不同的地方是跨步跳是按规定的距离跳，多级跳是采用 3 级、5 级、7 级跳等方法进行，如图 6-2-26 所示。

练习建议：跳的距离和级数，随着练习者训练水平的提高而增加，多级跳还可用比赛的方法进行，按规定的级数，看谁跳得远。

练习量：每组做 5~10 级，节奏由慢到快。

图 6-2-26

安全提示：练习前，应活动好各个关节；落地时，注意屈膝缓冲。

第二十七次课　让距追逐跑（速度练习）

练习方法：两至三人一组，根据速度水平前后拉开距离，速度慢者在前，听信号站立式起跑后全速跑，后者追赶前者，前者尽量别让后者追上。跑 30~60 米，如图 6-2-27 所示。

比赛方式：无。

安全要领：无特别要求。

图 6-2-27

第二十八次课　单臂举哑铃（力量练习）

动作方法：身体直立，单手拿起哑铃，向上方伸直手臂，手心向里，上臂向上不动，前臂向身体内侧下降，手持哑铃顺着头后部沿颈椎向下，直到无法再向下为止，手心向着头后，再慢慢向上抬起前臂，直到前臂与上臂成一直线为止，如图 6-2-28 所示。

练习建议：上臂和肩不要动，以免借力，只动前臂。

安全提示：手要抓紧哑铃，防止哑铃掉下来砸伤自己。

图 6-2-28

第二十九次课　目标跑（速度练习）

练习方法：根据实际情况，起点距离终点（单杠等现有的目标物）10~20 米，听到“跑”的口令后开始跑，以手触到或踩到目标物作为一个完整练习的结束。每次同时出发的人数不宜超过 10 名，如图 6-2-29 所示。

比赛方式：比一比谁跑的动作最丰富、最逼真。

安全要领：调整好出发时学生之间的距离，避免途中发生碰撞。

图 6-2-29

第三十次课　眼疾手快（手抓体操棒）（灵敏练习）

练习方法：两腿直立，两手把体操棒竖立垂直上抛，当体操棒下落到胸前位置时快速去抓握。变形练习：横抛体操棒，当棒下落时，两臂前举抓棒，如图 6-2-30 所示。

比赛方式：无。

安全要领：无特别要求。

图 6-2-30

第三节　自我防卫技能教学内容

第一次课　遇枪击卧倒

原地趴下

动作要领：原地左脚向前跨出一大步，双手扶地，全身趴在地下，脚背着地，护头，双手交叉放于后颈，低头，如图 6–3–1 所示。

图 6–3–1　遇枪击卧倒

注意事项：不许抬头；不要面对枪口；有眼镜摘掉眼镜；脚背着地，不能把脚翘起来；动作快声音小。

教法：

1. 教师示范，场景讲解。
2. 分解学习：①上步。②手扶地。③卧倒，双手交叉放于后颈。
3. 教师喊“抢劫”，学生以最快的速度趴下。
4. 转体，反身卧倒练习。

第二次课　遇爆炸卧倒

动作要领：在遇枪击卧倒姿势基础上，用肘关节和膝关节力量将胸、腹、裆撑起，左脚搭右脚上，如图 6-3-2 所示。

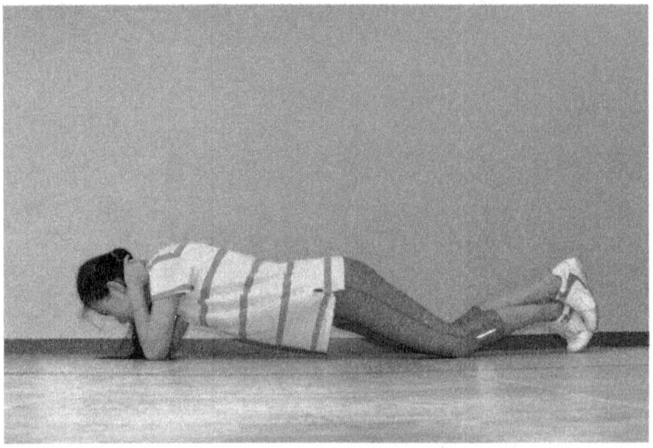

图 6-3-2　遇爆炸卧倒

注意事项：低姿，稍稍撑起胸、腹；速度要快。

教法：

1. 教师示范，场景讲解。
2. 分解学习：①卧倒。②用肘关节和膝关节力量将胸、腹、裆撑起。
3. 教师喊“爆炸”，学生以最快的速度完成动作。
4. 学生们分组练习，教师则纠正学生的错误动作。

第三次课　遇枪击逃跑姿势

不规则逃跑

动作要领：身体重心降低，不规则 S 形跑。

注意事项：保持低姿；路线不规则。

教法：

1. 教师讲解场景，远距离枪击；教师示范。
2. 学生们分组练习，教师则纠正学生的错误动作。

第四次课　遇枪击逃跑时突然卧倒姿势

动作要领：不规则S形逃跑，遇到遮蔽物或掩体如一棵大树，身体向前，双手扶地，低姿转身卧倒。

注意事项：不拘泥于转身的动作要领，迅速转身卧倒是关键。

教法：

1. 教师讲解示范。
2. 学生们逐一练习，教师则纠正学生们的错误动作。

第五次课　防卫姿势

人体的要害部位：眼睛、太阳穴、鼻子、喉咙、腹部、肋骨、裆部；指关节、腕关节、踝关节、肘关节、肩关节、踝关节。

防卫姿势：如图6-3-3所示。

图6-3-3　防卫姿势

动作要领：两脚平行站立，右脚向后撤45度，右脚前脚掌蹬地，与肩同宽，双膝微屈，右手护住下颚，左手离鼻尖处约13厘米，双肘向内侧，护住肋，双眼怒视前方。

注意事项：双肘不要外展；注意拳背向前；正确的握拳方法（大拇指

放在中指第二关节处）。

教法：

1. 教师讲解示范。
2. 教师喊“准备格斗”口令，学生集体练习。
3. 学生练习，教师则纠正学生们的错误动作。

第六次课　安全呼救（发声）

安全呼救（Safety Yell）

安全呼喊主要是指学生在做防卫动作时配合动作所发出的喊声。做动作时发出洪亮、长久的喊声可以提高出击动作的力量，也可以增加防卫者的气势。无论是在身体上还是在心理上，发声都能够很好地增强防卫者所做动作的防卫效果。

动作要点：发声要配合动作，且发声要厚重、长久而响亮。

教法：

1. 教师边做防卫动作边示范发声；
2. 学生跟做，模仿动作与发声；
3. 配合防卫姿势练习。

注意事项：发声练习时，教师除了在教学过程中要时刻强调动作练习时的安全性外，还要强调学生发声时注意爱护自己的声带，不要超度嘶喊。

第七次课　直拳

直拳用于击打面部、腹部

动作要领：左直拳要领为防卫姿势开始，左脚微蹬，重心微向前脚移动，上体微右转，同时左拳由屈到伸并内旋 90 度，直线向前冲出，发力于腰，力达拳面，身体所有的力量集中于拳上，左手保持防卫姿势不变，目视前方，如图 6-3-4 所示。

右直拳要领为练习者右脚微蹬，转腰送肩，重心微向前脚移动，上体微左转，右拳由屈到伸并内旋 90 度，直线向前冲出，发力于腰，力达拳面，左手保持防卫姿势不变，目视前方。

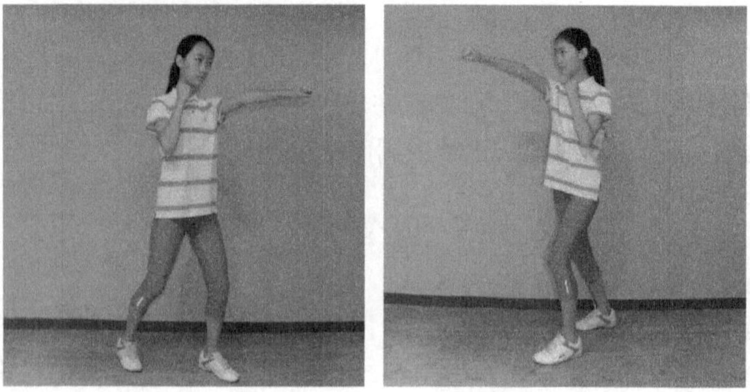

图 6-3-4　左、右直拳

注意事项：从下肢发力，腰腹用力。左拳为虚，右拳为实。左拳打出向右转体，以利于右侧拳发力。

教法：

1. 教师讲解示范。
2. 教师喊“准备格斗”口令，做防卫姿势。喊：“1”伸左直拳，喊“2”伸右直拳，后恢复。
3. 学生两人一组原地练习，一人持手把，一人左、右直拳练习，注意两拳达到一点上。

注意事项：双人配合练习时，确保每组学生与组内学生保持安全距离，另外教师应强调练习的模拟性及配合性，并密切关注学生练习中的实际情况，防止学生受伤。

第八次课　摆　拳

击打太阳穴、脸颊或两肋部位

动作要领：在准备姿势的基础上，上体稍向左转，随即身体向右转髋转体，左膝内扣，左脚跟提起外摆。同时，左臂上抬与肩平，左肘弯曲约130度，拳心向下稍向外，拳面向右，拳由左侧划弧线向右摆击，着力点在拳面，右拳护颌，目视攻击方向。击出后，迅速将拳收回成防卫姿势。

右摆拳动作要领：在格斗姿势的基础上，身体向左转髋转体，其余动作同左摆拳方向相反，如图 6-3-5 所示。

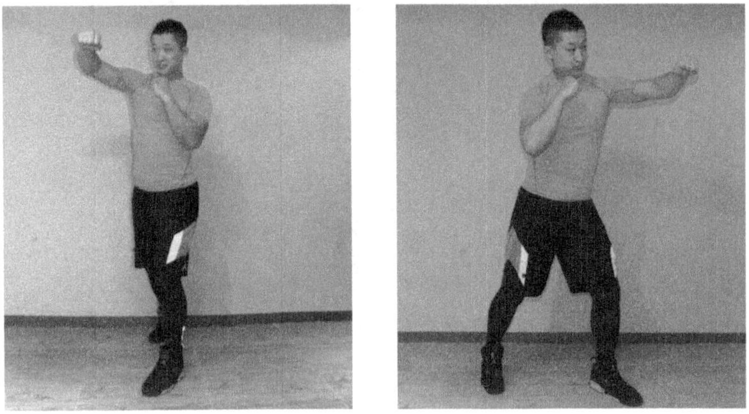

图 6-3-5　左、右摆拳

注意事项：身体重心稳；从下肢发力，腰腹用力。

教法：

1. 教师讲解示范。
2. 教师喊“准备格斗”口令，做防卫姿势；喊“1”出左摆拳，喊“2”出右摆拳，后恢复。
3. 学生两人一组原地练习，一人持手靶，一人左、右摆拳练习。

注意事项：双人配合练习时，确保每组学生与组内学生保持安全距离，另外教师应强调练习的模拟性及配合性，并密切关注学生练习中的实际情况，防止学生受伤。

第九次课　勾拳

动作要领：在防卫姿势的基础上，上体稍向左下转，左腿微屈，中心稍下沉，左臂弯曲约 90 度，随即左脚掌蹬地，挺身向右转体，带动左拳由下向前上方（前方）勾击，勾击高度约与下颌（腹、肋）同高，着力点在拳面；右手护颌，目视攻击方向。击出后，迅速将拳收回，成格斗姿势。

右勾拳动作要领：同左勾拳，方向相反，如图 6-3-6 所示。

注意事项： 转体带拳勾击迅猛，发力短促。

图 6-3-6 左、右勾拳

教法：

1. 教师讲解示范。
2. 教师喊“准备格斗”口令，做防卫姿势；喊“1”为左勾拳，喊“2”为右勾拳，后恢复。
3. 学生两人一组原地练习，一人持手靶，一人左、右勾拳练习。

注意事项： 双人配合练习时，确保每组学生与组内学生保持安全距离，另外教师应强调练习的模拟性及配合性，并密切关注学生练习中的实际情况，防止学生受伤。

第十次课 三种拳法混合练习

教学内容： 想象或提供场景，三种拳法组合练习。

教法：

1. 教师讲解示范。
2. 教师帮助描述一定的场景，如前面有人抓住头发，综合使用打出三种拳法，连续打三拳。
3. 学生分组练习，教师纠正学生们的错误的动作。

第十一次课 后肘击

动作要领： 防卫姿势开始，练习者上体微向右转，左手包住右拳，左臂推右肘，肘向后方击出，如图 6–3–7 所示。

图 6–3–7　后肘击

注意事项：肘击时拳头要握紧，以助发力，目光集中。

教法：

1. 教师讲解示范。
2. 教师帮助描述一定的场景，如后面抱腰或锁喉，学生集体练习。
3. 学生分组练习，教师则纠正学生们的错误动作。

第十二次课　前肘击

动作要领：防卫姿势开始，练习者上右脚，上体微向右转，同时向右侧提肘，左手推右拳，左臂助推发力，肘向右侧方击出，目视前方。右边侧肘击与左侧肘击动作相同，方向相反，如图 6–3–8 所示。

图 6–3–8　前肘击

注意事项：肘击时拳头要握紧，以助发力，目光集中。

教法：

1. 教师讲解示范。
2. 教师帮助描述一定的场景，如挣脱抓腕，学生集体练习。教师喊“1”为左肘击，喊“2”为右肘击，后恢复。
3. 两人一组模仿练习，一人抓同伴同侧手腕，一人以肘击方法挣脱。练习时注意安全距离，防止意外伤害。

第十三次课　冲膝

动作要领：练习者由防卫姿势开始，想象抓住攻击者的肩或腰部，后腿向前提起，做提膝动作，同时双臂回拉，如图 6-3-9 所示。

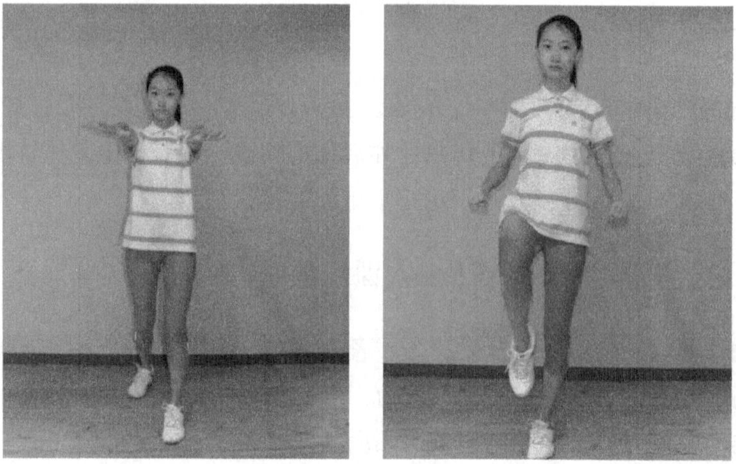

图 6-3-9　冲膝

注意事项：主要攻击部位为腹股沟范围；上肢用力；提膝，蹦脚面。

教法：

1. 教师讲解示范。
2. 教师帮助描述一定的场景，如前双锁喉，学生集体练习。教师喊“1”为抓握，喊“2”则冲膝，后恢复。
3. 两人一组持手靶练习，一人持手靶于腹前，一人抓住其双肩，做冲膝动作练习。练习时注意安全距离，防止发生意外伤害。

第十四次课　前　踢

动作要点：防卫姿势开始，练习者一腿提膝至体前，勾脚尖，身体保持防卫姿势；紧接上动，提膝腿向前蹬伸，力达前脚掌；该动作也可用脚跟蹬出，力点达脚跟；另外也可用脚尖进行前踢。收回前踢脚，还原防卫姿势，如图 6-3-10 所示。

图 6-3-10　前踢

注意事项：提膝时，要勾脚尖，前踢时身体要始终保持平衡，提膝与前踢动作要连贯完成。

教法：

1. 教师讲解示范；

2. 教师喊口令，学生们集体练习，教师纠正学生们的错误动作；

3. 两人面对面站立，保持安全距离，其中一方双手护住自己的裆部，另一方做前踢动作，用脚尖攻击对方的裆部。

4. 两人面对面站立，保持安全距离，其中一方用手拉住对方的同侧手，另一方做前提动作，用脚尖（脚跟或前脚掌）攻击对方的腹部或裆部。

注意事项：两人练习时要配合默契，始终保持安全距离。

第十五次课 侧 踢

动作要领：防卫姿势开始，练习者侧对进攻方向，前腿提膝至体前，勾脚尖，身体保持防卫姿势；提膝腿向前下方蹬伸，力达脚掌外沿，予以攻击对方的膝盖部位；收回前踢脚，还原防卫姿势，如图 6-3-11 所示。

图 6-3-11 侧踢

教法：

1. 教师讲解示范；

2. 教师喊口令，学生们集体练习，教师纠正学生们的错误动作；

3. 两人一组，一方侧对另一方站立，保持安全距离，其中正面站立方用手拉住侧面站立方的同侧手，另一方做侧踢动作，用前脚掌外沿攻击对方的膝盖部位。

注意事项：两人练习时配合要默契，始终保持安全距离。

第十六次课 后 踢

动作要领：防卫姿势开始，练习者借助墙或者肋木等支撑物，面对支撑物站立，保持适当距离，双手扶住或抓住支撑物。一腿提膝至体前（前腿后腿均可），勾脚尖，身体保持平衡，目视一侧；提膝腿向后蹬伸，力达脚掌跟予以攻击对方的膝盖后者裆部；收回前踢脚，还原防卫姿势，如图 6-3-12 所示。

图 6-3-12　后踢

注意事项：视觉，抓准要害部位。

教法：

1. 教师讲解示范；

2. 教师喊口令，学生们集体练习，教师纠正学生们的错误动作；

3. 两人面对面站立，保持适当距离，其中一方用双手扶住另一方的肩膀做后踢动作，用脚跟模拟攻击对方的膝盖或裆部。

4. 两人同方向前后站立，一方借助支撑物，并与对方保持安全距离做后踢动作，用脚跟攻击对方的膝盖或裆部。

注意事项：两人练习时要配合默契，始终保持安全距离。

第十七次课　前抓发

动作要领：第一反应是示弱，让对方放松警惕。攻击方将手放于对方头上，受害方双手压紧攻击方的手，向下压腕并向后托拽，如图 6-3-13

所示。

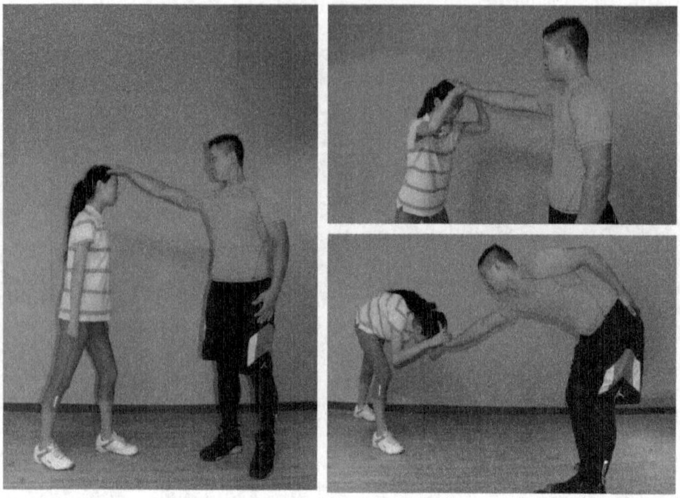

图 6-3-13　前抓发

注意事项：注意示弱；折腕。

教法：

1. 教师讲解示范；

2. 教师喊口令，学生两人一组练习，教师喊“1”手放头；喊“2”双手交叉压紧手；喊“3”向下压腕；喊“4”则向后拖拽。

3. 两人一组进行练习，注意动作力度，防止发生意外伤害。

第十八次课　前抓发组合练习

动作要领：前抓发的基本动作步骤完成后，结合前面所学拳法、肘击、前踢、侧踢等内容进行练习。

第十九课　后抓发

动作要领：第一反应是示弱，让对方放松警惕。攻击者站在对方身后，手放其头上；受害者双手交叉压住手，向左侧上步，攥紧攻击者向左后方反压腕，如图 6-3-14 所示。

注意事项：注意示弱。

教法：

1. 教师讲解示范；

2. 教师喊口令，学生两人一组练习，教师喊“1”则手放头；喊“2”则双手交叉压住手；喊“3”则攥紧攻击者向左后方反压腕。

3. 两人一组进行练习，注意动作力度，防止发生意外伤害。

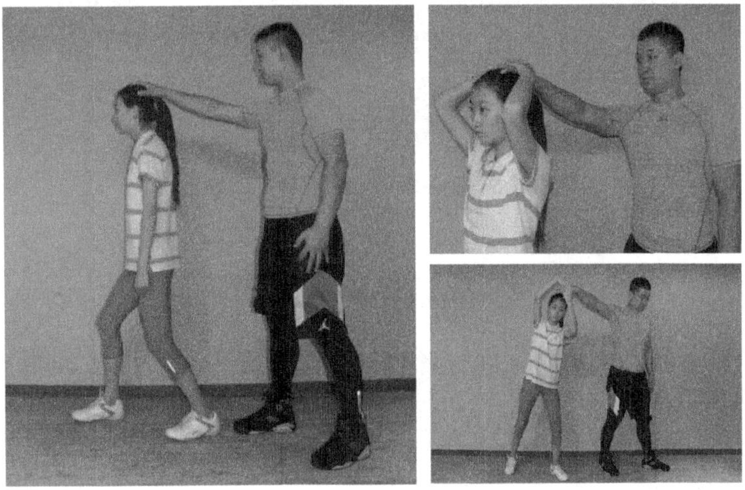

图 6-3-14　后抓发

第二十次课　后抓发组合练习

动作要领：后抓发的基本动作步骤完成后，结合前面所学的拳法、肘击、前踢、侧踢等内容进行练习。

第二十一次课　单锁喉

动作要领：先示弱，攻击者单锁喉，受害者手从下面找缝隙，可以折小手指，抓住攻击者腕下部，反转腕，如图 6-3-15 所示。

注意事项：抓住腕下部，反腕转。

教法：

1. 教师讲解示范；

2. 两人一组进行练习，给予一定的情形，注意动作力度，防止发生意外伤害。

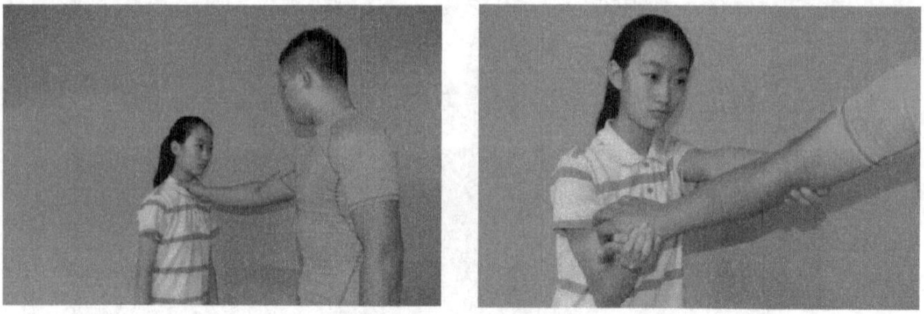

图 6-3-15　单锁喉

第二十二次课　双锁喉

动作要领：先示弱，攻击者双锁喉，受害者双手向上冲击，如图6-3-16所示。

教法：

1. 教师讲解示范；

2. 两人一组进行练习，给予一定的情形，注意动作力度，防止发生意外伤害。

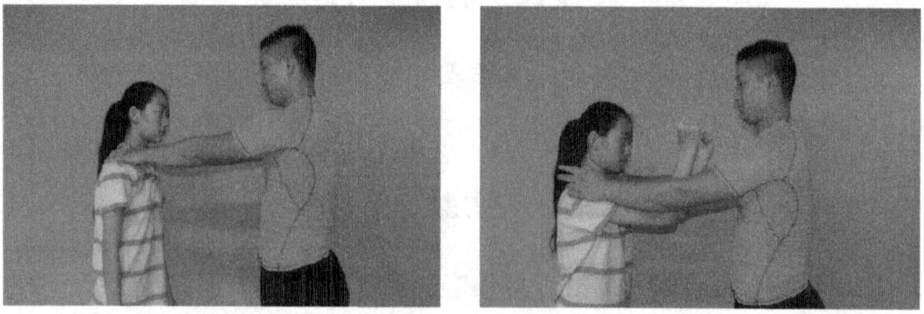

图 6-3-16　双锁喉

第二十三次课　双锁喉+基础练习

动作要领： 双锁喉的基本动作步骤完成后，结合前面所学拳法、肘击、前踢、侧踢等内容进行练习。

第二十四次课　抓腕挣脱

动作要领： 进攻者抓住受害者同侧手腕，受害者先示弱，单手或双手挣脱，如图 6-3-17 所示。

注意事项： 先示弱放松警惕，双手挣脱，身体后倾。

教法：

1. 教师讲解示范；

2. 教师给予一定的场景，学生两人一组练习，注意动作力度，防止意外伤害。

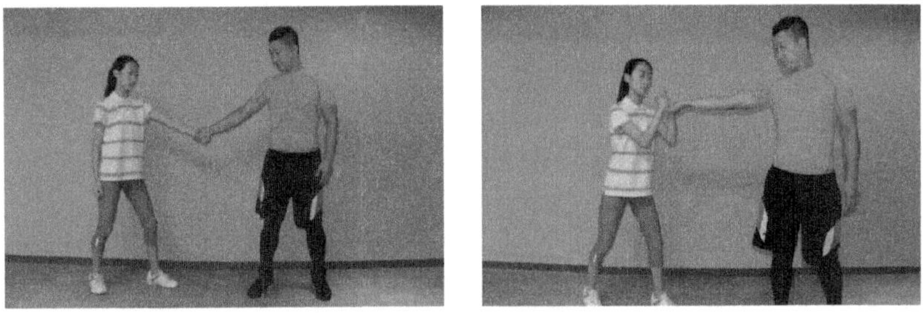

图 6-3-17　抓腕挣脱

第二十五次课　由后锁喉

动作要领： 头转向手一侧，脸顶住劫持者胳膊，踩脚，如图 6-3-18 所示。

注意事项： 头转向手的方向。

教法：

1. 教师讲解示范；

2. 教师给予一定的场景，学生两人一组练习，注意动作力度，防止发生意外伤害。

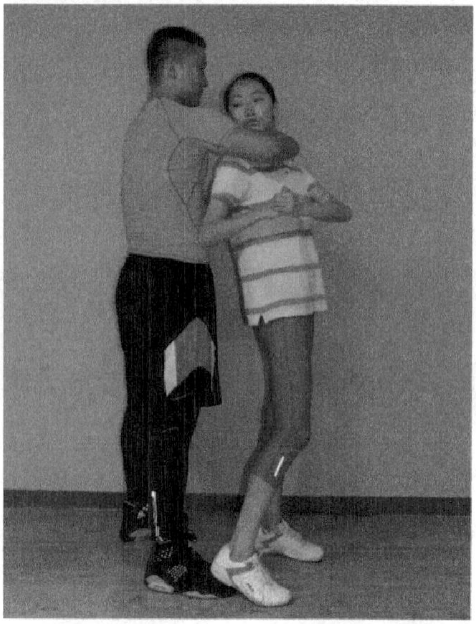

图 6-3-18　由后锁喉

第二十六次课　由后锁喉+基础练习

动作要领： 由后锁喉的基本动作步骤完成后，结合前面所学拳法、肘击、前踢、侧踢等内容进行练习。

第二十七次课　由后抱腰抱手

动作要领： 攻击者从后面抱住受害者，受害者双手向下前伸，手背相对，用肘击的方法攻击对方腹部，如图 6-3-19 所示。

注意事项： 动作迅速。

教法：

1. 教师讲解示范；

2. 教师给予一定的场景，学生两人一组练习，注意动作力度，防止意外伤害。

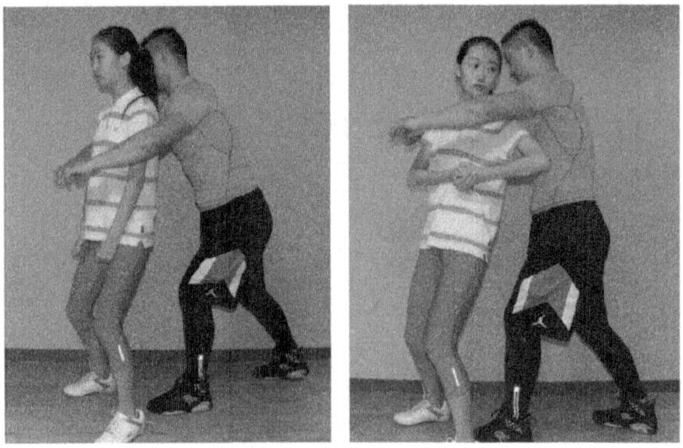

图 6-3-19　由后抱腰抱手挣脱

第二十八次课　由后抱腰没抱手

动作要领：攻击者从后面抱住受害者，但没有抱手。受害者可采用拽住后踢、踩脚、掰手指头等方法挣脱，如图 6-3-20 所示。

教法：

1. 教师讲解示范；
2. 教师给予一定情形，学生自选动作进行练习，教师纠正错误动作；
3. 学生两人一组练习，注意动作力度，防止发生意外伤害。

图 6-3-20　由后抱腰没抱手挣脱

第二十九次课　自我防卫能力情景教学（略）

第三十次课　考核课（略）

主要参考文献

[1] 陈明达，于道中，于葆等．实用体质学［M］．北京：北京医科大学、中国协和医科大学联合出版社，1993.

[2] 中华人民共和国教育部、国家体育总局、《国家学生体质健康标准解读》编委会编著．国家学生体质健康标准解读［M］．北京：人民教育出版社，2007.

[3]《国家体育锻炼标准》修订工作小组编著．国家体育锻炼标准手册［M］．北京：人民体育出版社，1989.

[4] Aaron Banks. Self-Defense Education：Five Steps for Developing Awareness and Prevention Tactics［J］. Journal of Physical Education，Recreation & Dance，2010 Vol. 86 No. 6，pp. 13-20.

[5] Walker，J. B. Self-defense techniques & tactics. Champaign，IL：Human-Kinetics. 2003.

[6] Joanl. Neide. Teaching Self-defense in secondary physical education，IL：HumanKinetics. 2009.